Mediterránea

COCINA
TRADICIONAL

Mediterránea

PARA JUANSE
2023 — LOS ABUELOS,
JORGE Y MÓNICA —

susaeta

© SUSAETA EDICIONES, S.A.
Campezo, s/n - 28022 Madrid
Tel.: 913 009 100 - Fax: 913 009 118

Presentación

Hablar en concreto de una «cocina mediterránea» cuando, por una parte, están las cocinas catalana y andaluza y, por otra, se puede hablar de la cocina valenciana, la murciana o la balear puede parecer una arbitrariedad. Pero no lo es.

Todas las tierras costeras peninsulares que van desde la desembocadura del Ebro hasta el límite sur de la comunidad murciana, así como las islas Baleares, tienen en su aspecto gastronómico unas características comunes y muy especiales que permiten agruparlas en una unidad superior y bien definida, aunque sin menoscabo de sus particularidades regionales o locales. ¿Y cuáles son esos rasgos comunes que nos permiten hablar de una cocina mediterránea por encima de las partes que la componen?

En primer lugar, el arroz. La constante omnipresencia del arroz en las mesas valencianas y murcianas, no tanto en las Islas. El arroz se puede preparar de mil maneras distintas; desde la más sencilla hasta la más complicada y elaborada; con pescados, con carnes, con verduras.

La forma originaria o clásica (mítica, podríamos decir) es la paella valenciana, a la que, por supuesto, no se puede atribuir una receta única. Pero lo cierto es que, si los componentes pueden variar en cierta medida, hay unos aspectos que, para la obtención del resultado deseado, deben ajustarse a normas estrictas e inmutables: la cantidad de agua, el tiempo de cocción, el tiempo de reposo, todo ello absolutamente necesario para obtener ese delicioso grano suelto pero no duro.

En España todo el mundo ha gustado alguna vez la paella o tiene una idea aproximada de sus rasgos característicos. Pero pocos, fuera de la zona costera mediterránea peninsular, conocen la amplia variedad de excelentes platos que pueden prepararse con el arroz como ingrediente básico.

Entre las variedades más usuales están el arroz «a banda», hecho con pescados y mariscos, con la sutil peculiaridad de que en primer lugar se come el arroz solo, cocinado con el caldo de la cocción de todos los ingredientes, los cuales se sirven después y aparte; el «rosejat» o dorado, que participa del cocido de garbanzos; el «marinero», con cabeza de merluza y cigalas; el arroz de «pescadores», con langosta, tomate, pimientos y guisantes, y una infinidad de variedades más sencillas, hechas con verduras y legumbres, con caracoles, con sepia, a la cazuela con guisantes y alcachofas, al horno, etc.

Otra característica de la cocina mediterránea reside en el especial aroma que envuelve sus platos: el aroma estival del tomillo, del orégano silvestre, el almizclado aroma de la salvia, la presencia de las hojas de laurel, de las agujas de romero, de las pequeñas y redondas hojas de menta, y el perejil, y el perifollo, y cierta abundancia de las especias más exóticas.

Y además del arroz y los aromas, la huerta. Todos los productos de una huerta variada y riquísima pueden encontrarse en los platos mediterráneos.

En todo el Levante, pero sobre todo en Murcia, la exuberancia huertana se nos ofrece primero con sus productos más característicos: pimientos, tomates, berenjenas, ajos, cebollas, habas, guisantes. Los pimientos, incomparables, tienen en Murcia un lugar de honor: se preparan rellenos y se utilizan para la elaboración del pimentón.

Entre los pescados destacan la lubina, los boquerones, los salmonetes, las sardinas, el pejerrey y sobre todo la dorada, que se puede preparar al horno sin más adorno que una gruesa costra de sal. De las aguas del mar Menor se obtiene el mújol, cuyas huevas (lavadas en agua de mar, espolvoreadas con sal, vueltas a lavar y puestas a secar al sol) se pueden tomar solas o con guisantes y habas frescas. Elaboradas con esmero, estas huevas se han convertido en un excelente sucedáneo del caviar.

Las anguilas, guisadas con una salsa aromática, son la base del delicioso «all i pebre». Pero quizás el más exquisito de los productos del mar que baña esta región sea el langostino que se captura por las aguas de Benicarló y Vinaroz.

La excepcional calidad de los frutos de la huerta (¿es necesario recordar el prestigio de la naranja valenciana?) ha hecho de estos productos unos inestimables complementos de la gastronomía, además de ser la base de una industria alimentaria en continua expansión. Más del 80 % de las mermeladas o frutas confitadas y en almíbar que se consumen en España proceden de Murcia.

En cuanto a los dulces, los hay de un tipo especial que, originarios de ciertos lugares y localidades de las tierras levantinas, se han extendido por toda España, convirtiéndose en postre obligado en determinadas festividades: los turrones. Hechos a base sobre todo de almendra, y también de avellana, miel o coco, algunas de sus variedades son conocidas en todo el mundo: el de Jijona, el de Alicante.

Después de los postres, puede estar el helado. No por casualidad es en Valencia donde se elaboran los mejores helados caseros (y también industriales) y donde tanta importancia se dan a los refrescos fríos. Pues se dice que fue en Valencia donde, en la primera mitad del siglo XVI, se introdujo el uso de guardar la nieve en las casas por medio del salitre.

Pero si los helados apenas permiten hoy (por obra de la difusión e internacionalización de sus recetas) establecer diferencias o categorías por razón de origen e historia, algo muy distinto ocurre con un refresco que nadie dudaría en afirmar su naturaleza netamente valenciana: la horchata de chufa. Horchatas también se han hecho de pepitas de melón, de almendras, de arroz, de almidón. Y alguna de ellas, como la de almendras, se sigue elaborando todavía.

La cocina de las Baleares merece una mención aparte dentro de la mediterránea. Es una cocina variada, rica y excelente, dominada sobre todo por la carne de cerdo. De este animal se elabora una forma de embutido que, originaria de Mallorca, ha extendido su fama a la península: la sobrasada.

Entre los platos más representativos de las islas destacan las sopas escaldadas, la «coca» mallorquina, de verduras con abundante perejil y pimentón, las berenjenas guisadas. Y, con el excelente pescado que se captura en sus aguas, se destacan la caldereta, en sus versiones mallorquina y menorquina, los sabrosos arroces de pescado, la lubina con patatas, las doradas con pimientos y un largo etcétera.

Y postres y dulces no faltan. Desde el «pastís de greixonera», que es una especie de budín, hasta la clásica, inimitable, emblemática ensaimada de Mallorca, postre rey de la isla.

SUMARIO

COCINA MEDITERRÁNEA

EL ARROZ A LA VALENCIANA, LA TÍPICA PAELLA, EL ARROZ «A BANDA», EL ARROZ NEGRO Y MUCHOS OTROS SON LOS PLATOS MÁS POPULARES DE ESTA ZONA, PERO LA INFLUENCIA DE LA AROMÁTICA COCINA PROVENZAL LLEGA HASTA LEVANTE, DONDE LA ATRACCIÓN DEL MEDITERRÁNEO Y LOS HÁBITOS ALIMENTARIOS SE FUNDEN. LA DIETA MEDITERRÁNEA ES UNA DE LAS MÁS EQUILIBRADAS, YA QUE SE LOGRAN UNOS PRIMEROS PLATOS DIVERSIFICADOS, ALIMENTICIOS, PROFUNDOS, ÚNICOS.

AJO COLORADO (PATATAS CON PIMIENTOS)

Para 4 personas
Dificultad: baja
Tiempo: 40 minutos

Ingredientes:

1 kg de patatas
300 g de bacalao
2 cebollas
2 tomates
4 dientes de ajo
1 cucharadita de comino
1 l de agua
pimentón
1 dl de aceite
2 pimientos secos
miga de pan
sal y pimienta

Preparación:

- La víspera pondremos el bacalao en remojo durante 24 horas.
- Pelar las patatas y cortarlas en rodajas, ponerlas en una cazuela al fuego, añadir las cebollas peladas y cortadas por la mitad, los tomates enteros, los pimientos secos, sal y el bacalao desalado.
- Cubrir con el agua y dejar cocer unos 20 minutos a fuego medio. Cuando esté cocido, sacar las cebollas, los tomates y los pimientos.
- En el mortero, picar los dientes de ajo con el comino, hasta formar una crema, añadir las cebollas, tomates y pimientos que hemos sacado de la cazuela.
- Picar nuevamente y añadir el pimentón, la sal y la pimienta, la miga de pan, majar bien y añadir despacio el aceite, formando una pasta. Diluir con un poco de caldo de la cazuela, remover.
- Verter todo el majado del mortero sobre las patatas y el bacalao de la cazuela.
- Remover con cuidado, dar otro hervor de unos minutos y servir caliente.
- Probar antes el punto de sal.

AJOTOMATE DE MURCIA

Para 4 personas
Dificultad: baja
Tiempo: 15 minutos (más 45 minutos de refrigeración)

Ingredientes:

4 tomates verdes
1 tomate maduro
4 dientes de ajo
1 dl de aceite
1 cucharada de vinagre
1 cucharadita de comino
sal

Preparación:

- Pelar y picar los dientes de ajo. Pelar el tomate maduro y quitarle las semillas.
- Lavar y cortar los tomates verdes en rodajas gruesas y colocarlos en un bol o ensaladera.
- Machacar los dientes de ajo y el tomate maduro en un mortero. Cuando estén bien machacados, verter el aceite, el vinagre, el comino y la sal; remover hasta obtener una salsa homogénea.
- Bañar las rodajas de tomate con esta salsa y poner la ensalada aliñada en el frigorífico.
- Al cabo de 45 minutos, sacarla del frigorífico, remover y servir.

Ajotomate de Murcia

Arroz «a banda»

Para 4 personas
Dificultad: media
Tiempo: 55 minutos

Ingredientes:

1 kg de pescados: lucerna, araña, mero, etc.
4 langostinos grandes
12 mejillones
400 g de arroz
4 patatas medianas
250 g de cebollas
250 g de tomates maduros
2 dientes de ajo
1 hoja de laurel
2 dl de aceite
tomillo y perejil
orégano
azafrán
pimienta y sal

Preparación:

- Limpiar bien el pescado.
- Raspar los mejillones y lavarlos bien.
- Abrirlos al vapor, sacar las valvas.
- Reservar el jugo que suelten.
- Con las cabezas de los pescados y espinas, hacer un caldo poniendo una olla al fuego con unos 2 l de agua, la mitad de las cebollas cortadas en tiras finas, 1 tomate cortado en trozos, las hierbas aromáticas y sal.
- Cuando empiece a hervir, espumar cuidadosamente y dejar hervir unos 30 minutos.
- En una cazuela amplia con 1 dl de aceite, freír el resto de cebollas y las patatas peladas, pero enteras.

- Remover para que se doren por igual.
- Cuando estén doradas, cubrir con el caldo preparado anteriormente y colado, cocer tapado unos 30 minutos.
- Cuando las patatas y cebollas estén casi cocidas, preparar el pescado cortado en rodajas gruesas, salpimentar y ponerlos en la cazuela encima de las verduras, añadir el jugo de los mejillones y el azafrán tostado.
- Cocer a fuego vivo unos 7 u 8 minutos, para cocer el pescado.
- Poner una paella al fuego con el resto del aceite, sofreír los ajos picados, dejar dorar ligeramente, incorporar los tomates pelados, sin pepitas y picados bien menudos; dejar rehogar lentamente, hasta que se evapore el agua.
- Añadir el arroz, dejar sofreír un poco, remover con cuidado, bañar con el caldo de cocer los pescados (doble volumen de caldo que de arroz).
- Dejar hervir con el fuego un poco vivo.
- Comprobar el punto de sal y pimienta.
- Precalentar el horno, dejar cocer los últimos 10 minutos en el horno.
- Para servir en la misma paella, adornar con los mejillones.
- En una fuente de servir, presentar los pescados.
- Procurar que las rodajas estén enteras, los langostinos por encima.
- Salpicar con perejil picado.
- Servir acompañado de una salsa de «allioli» o de una salsa marinera.

ARROZ AL HORNO CON PATO

Para 4 personas
Dificultad: media
Tiempo: 2 horas y 20 minutos, más el tiempo
de remojo

Ingredientes:

400 g de arroz
1 pato de 1 1/4 kg
200 g de garbanzos
1 pimiento
1 butifarra negra
100 g de tomates maduros
1 dl de aceite
1 1/2 l de agua
perejil
pimentón
sal
pimienta
azafrán

Preparación:

- El día anterior poner los garbanzos en remojo en abundante agua y sal.

- El día de la preparación, poner en una olla al fuego 1 1/2 l de agua.

- Cuando rompa a hervir, echar los garbanzos, bien lavados; dejar hervir, a fuego medio.

- Mientras, limpiar el pato, chamuscar y lavarlo cuidadosamente y cortarlo en trozos.

- En una cazuela con un poco de aceite, rehogar los trozos de pato.

- Cuando estén dorados, añadir a la olla de los garbanzos y dejar cocer unos 40 minutos.

- Salpimentar.

- En una cazuela de barro, poner un poco de aceite, freír el pimiento cortado pequeño, añadir el tomate, el perejil, el pimentón, dar unas vueltas y añadir el arroz, remover vivamente y bañar con la mitad, aproximadamente, del caldo o agua caliente; aromatizar con el azafrán.

- Repartir bien el arroz, poner encima los trozos de pato, la butifarra negra cortada en rodajas y los garbanzos.

- Comprobar el punto de sal, rectificar si es necesario.

- Llevar al horno, precalentado unos 18 minutos.

- Servir en la misma cazuela, bien caliente.

ARROZ CON ACELGAS

Para 4 personas
Dificultad: baja
Tiempo: 55 minutos

Ingredientes:

250 g de acelgas muy tiernas
100 g de alubias secas
100 g de patatas
200 g de arroz
1 dl de aceite de oliva
2 dientes de ajo
1 tomate pequeño
12 caracoles serranos
1 1/2 l de agua
sal
azafrán
pimentón

Preparación:

- Dejar las alubias en remojo durante 24 horas.

- Pasado este tiempo, ponerlas a cocer en agua fría y a fuego lento con el agua indicada.

- En una sartén, calentar el aceite, dorar los ajos, el tomate rallado, añadir las acelgas, bien lavadas y cortadas en trocitos, rehogarlas durante unos minutos.

- Añadir 1 cucharada de pimentón, remover rápidamente.

- Verter todo este preparado en la olla donde se están cociendo las alubias.

- Dejar cocer durante unos 20 minutos.

- Pasado ese tiempo, añadir las patatas cortadas en trozos pequeños, dejar hervir otros 20 minutos más.

- Añadir los caracoles bien limpios (que habremos tenido en ayunas durante unos días).

- Añadir el arroz, cocer destapado a fuego medio unos 15 minutos.

- Comprobar el punto de sal.

- Aromatizar con el azafrán tostado y remover.

- Retirar del fuego y servir enseguida.

- Si ha de tardar en tomarse, retirar del fuego a los 5 minutos de cocer.

Arroz con acelgas

Arroz con bacalao y verduras

Para 4 personas
Dificultad: media
Tiempo: 45 minutos

Ingredientes:

200 g de bacalao seco
400 g de arroz
1 1/2 dl de aceite
1 cebolla
150 g de tomates maduros
150 g de guisantes desgranados
100 g de hojas de espinacas
200 g de «garrofons» frescos; la mitad, si son secos
1 pimiento rojo
2 alcachofas frescas y tiernas
2 1/2 l de agua, aproximadamente
sal
perejil
pimentón

Picada:

caldo
2 dientes de ajo
azafrán tostado

Preparación:

- Asar el bacalao al fuego, sobre la llama; lavarlo, quitar piel y espinas, desmenuzar.
- En una paella o cazuela al fuego, con el aceite, rehogar la cebolla picada pequeña, el pimiento cortado en dados, las alcachofas limpias y troceadas, dejar dorar un poco, echar 1 cucharadita de pimentón, remover y, rápidamente, añadir los tomates rallados; remover.
- Poner las espinacas cortadas en trozos y, luego el bacalao.
- Tener preparada el agua caliente, añadir el doble de volumen al de arroz, llevar a ebullición y echar los «garrofons» y los guisantes. Dejar hervir 30 minutos. Comprobar el punto de sal.
- Pasado ese tiempo, añadir el arroz (como lluvia) bien repartido.
- En el mortero, picar los ajos junto con el azafrán ligeramente tostado, disolver con un poco de caldo y añadirlo a la cazuela con el arroz.
- Dejar cocer a fuego vivo al principio, luego bajar el volumen del fuego; en total, debe cocer unos 18 a 20 minutos, aproximadamente. Debe quedar algo jugoso; si fuera necesario, añadir un poco más de agua caliente.
- Servir en la misma paella o cazuela espolvoreado con un poco de perejil picado.

Arroz con costra

Para 4 personas
Dificultad: media
Tiempo: 40 minutos

Ingredientes:

400 g de arroz
1/2 pollo
200 g de butifarra negra
200 g de salchichas
250 g de costilla de cerdo
100 g de tomates maduros
3 dientes de ajo
4 huevos
1 dl de aceite de oliva
1 1/4 l de agua o caldo

pimentón

sal

azafrán

Preparación:

- Trocear el pollo y la costilla de cerdo.

- Poner una cazuela plana de barro al fuego con el aceite; sofreír el pollo y la costilla de cerdo; añadir las salchichas; dejar rehogar bien.

- Rehogar los ajos picados; antes de que tomen color, añadir los tomates rallados, dar unas vueltas y bañarlo con el agua o caldo, echar el pimentón y una pizca de azafrán ligeramente tostado; dejar hervir unos minutos.

- Echar el arroz junto con la butifarra negra cortada en rodajas, comprobar el punto de sal, rectificar y poner la cazuela al horno, precalentado a 200 °C, unos 12 minutos.

- Mientras, batir los huevos.

- Pasados los 12 minutos, sacar la cazuela, verter los huevos batidos por encima, dejar que cuajen unos 3 o 4 minutos, hasta que se forme una costra bien dorada.

- En ese momento, sacar del horno y servir enseguida en la misma cazuela.

ARROZ CON JUDÍAS Y NABOS

Para 4 personas
Dificultad: baja
Tiempo: 1 hora y 50 minutos

Ingredientes:

250 g de judías blancas

300 g de jarrete de cerdo

100 g de tocino fresco

1 pie de cerdo pequeño

2 morcillas negras valencianas

2 morcillas blancas

300 g de nabos (colinabo) pequeños

300 g de arroz

2 1/2 l de agua

azafrán

sal

pimentón

Preparación:

- Poner las judías blancas en remojo la víspera en abundante agua fría; al día siguiente, lavar y escurrir.

- En una olla al fuego con unos 2,5 l de agua fría, poner las judías, las carnes de cerdo y los nabos enteros, si son pequeños; si son grandes, trocearlos; llevar a ebullición; espumar.

- Cocer lentamente y sin interrupción; a media cocción, echar la sal.

- Cuando estén cocidas las carnes, sacarlas de la olla y dejar enfriar.

- En la olla sólo deben quedar, junto con el caldo, las judías y los nabos.

- Añadir entonces las morcillas y el arroz, unas hebras de azafrán tostado, 1/2 cucharadita de pimentón; remover cuidadosamente.

- Comprobar el punto de sal.

- Incorporar de nuevo las carnes troceadas.

- Dejar cocer unos 14 minutos, debe quedar caldoso.

- Antes de servir, dejar reposar unos minutos.

ARROZ DE CASTELLÓN

Para 4 personas
Dificultad: media
Tiempo: 1 hora y 5 minutos

Ingredientes:

400 g de arroz
250 g de calabaza
125 g de bacalao seco
1 tomate maduro
1 cabeza de ajos
1 dl de aceite
1 ramita de perejil
1 hebra de azafrán
sal

Preparación:

- Lavar y cortar el tomate en cuartos.
- Pelar y cortar la calabaza en dados.
- Lavar el bacalao bajo agua del grifo, secarlo y cortarlo en trocitos.
- Calentar en un cazo tres vasos de agua y reservar caliente.
- Calentar el horno a temperatura alta (200 °C).
- Calentar el aceite en una cazuela de barro y freír la cabeza de ajos entera y los trozos de bacalao; añadir el arroz bien esparcido por la cazuela y rehogar.
- Al cabo de 5 minutos, agregar la calabaza.
- Cubrir con el agua caliente y colocar la hebra de azafrán.
- Poner las rodajas de tomate en el centro del arroz, sazonar con sal y dejar a fuego suave.
- Cuando la salsa hierva, introducir en el horno caliente durante 15 minutos.
- Comprobar el punto del arroz, dejar reposar 3 minutos y servir.

BAJOQUES RELLENOS

Para 6 personas
Dificultad: baja
Tiempo: 1 hora y 30 minutos

Ingredientes:

6 pimientos rojos (bajoques)
400 g de carne de cerdo picada
400 g de tomates maduros
1 cebolla grande y 2 dientes de ajo
200 g de arroz
1 1/2 dl de aceite de oliva
1 cucharadita de azúcar
orégano, sal y pimienta

Preparación:

- Cortar un casquete a los pimientos, quitar las semillas y lavar, secar.
- En un cazo al fuego con aceite caliente, rehogar la cebolla picada fina.
- Antes de que tome color, añadir la carne de cerdo, dar unas vueltas, poner los ajos picados, incorporar los tomates pelados y picados pequeños, la cucharadita de azúcar, aromatizar con el orégano, salpimentar y dejar cocer lentamente unos 15 minutos.
- Añadir el arroz y dejar rehogar un poco.
- Cuando empiece a cocer, retirar del fuego.
- Rellenar con la preparación los pimientos, ponerles el casquete, sujetarlo con un palillo.
- Colocar los pimientos de pie (cortar un poco la base, para que se sostengan) en una cazuela de barro y llevarlos a horno suave, 1 hora, aproximadamente (probar el arroz de uno de ellos).
- Cuando estén en su punto, presentarlos en una bandeja partidos por la mitad, verticalmente.
- Servir calientes.

Arroz de Castellón

Berenjenas al estilo de Mallorca

Para 4 personas
Dificultad: baja
Tiempo: 50 minutos

Ingredientes:

8 berenjenas medianas
400 g de sobrasada en rodajas
1 cebolla grande
2 tomates
4 dientes de ajo
2 huevos
1 huevo duro
30 g de harina
2 1/2 dl de leche
aceite para freír
manteca de cerdo
pan rallado
perejil
azúcar
pimienta y sal

Preparación:

- Lavar las berenjenas, quitarles el péndulo y partirlas por la mitad longitudinalmente.
- Sacar la pulpa con una cuchara, evitando romper la piel.
- Salar y dejar escurrir en un colador.
- Reservar.
- En una sartén con abundante aceite caliente, freír las medias berenjenas vacías.
- Dejar escurrir sobre papel absorbente.
- Pasar un poco de agua por la pulpa de las berenjenas, picar pequeño, junto con la sobrasada, hasta formar una pasta homogénea de consistencia suave.
- En un cazo, sofreír lentamente con manteca de cerdo la cebolla cortada fina, añadir el ajo picado, dejar tomar color y añadir el tomate rallado, salpimentar; añadir 1 cucharadita de azúcar.
- En otro cazo, poner un poco de aceite y dorar la harina, agregar la leche, remover, dejar cocer un poco y agregar al sofrito anterior.
- Añadir el huevo duro picado.
- Trabajar bien, incorporar la pulpa de berenjena unida a la sobrasada.
- Formar una masa, rellenar las medias berenjenas fritas.
- Pasar por huevo y pan rallado y poner al horno hasta que se doren.
- Servir calientes.

Berenjenas al estilo de Mallorca

BERENJENAS CON QUESO

Para 4 personas
Dificultad: alta
Tiempo: 55 minutos

Ingredientes:

1 kg de berenjenas
50 g de queso de cabra rallado
50 g de pan rallado
50 g de harina
50 g de azúcar
1 cebolla
4 huevos
2 1/2 dl de aceite
1 cucharadita de hierbabuena seca
1/2 cucharadita de nuez moscada
1/2 cucharadita de canela
1 clavo de especia
pimienta y sal

Preparación:

- Pelar y picar la cebolla.
- Pelar y cortar las berenjenas a lo largo.
- Hervir en una cacerola abundante agua con sal; cuando hierva, cocer las berenjenas 10 minutos.
- Una vez cocidas las berenjenas, escurrirlas y secarlas.
- Picar dos berenjenas y ahuecarlas un poco las restantes con ayuda de una cuchara; reservar la pulpa.
- Calentar 1 1/2 dl de aceite de oliva y rehogar la cebolla.
- Añadir las berenjenas picadas, la pulpa del resto, la hierbabuena y dos huevos crudos.
- Remover la mezcla continuamente a fuego suave con una cuchara de madera, hasta formar una pasta homogénea.

- Agregar el pan y el queso rallados.
- Espolvorear con las especias y el azúcar y remover.
- Retirar del fuego y dejar reposar.
- Batir los dos huevos en un bol.
- Mientras, calentar el resto del aceite en una sartén amplia.
- Rellenar los huecos de las berenjenas con la pasta.
- Untar las berenjenas rellenas en el huevo batido, enharinarlas y freírlas de una en una en el aceite muy caliente.
- Colocarlas en una fuente, espolvorearlas con canela y servirlas calientes.

BERENJENAS RELLENAS
DE VERDURAS

Para 4 personas
Dificultad: alta
Tiempo: 1 hora y 15 minutos (más 30 minutos
de reposo)

Ingredientes:

4 berenjenas largas
2 tomates maduros
1 pimiento verde
2 cebollas
3 dientes de ajo
1 1/2 dl de aceite de oliva
1 ramita de perejil
sal
pimienta

Preparación:

- Cortar el extremo superior de las berenjenas y partirlas por la mitad a lo largo.
- Pelar la base de cada berenjena.
- Salarlas y reservarlas en un colador durante 30 minutos para que suelten el líquido.
- Mientras, picar con un cuchillo la ramita de perejil.
- Pelar y cortar las cebollas en juliana fina.
- Pelar y rallar los tomates.
- Pelar y picar muy finos los dientes de ajo.
- Lavar los pimientos, quitarles las semillas y cortarlos en tiras.
- Calentar 1 dl de aceite en una cazuela y freír la cebolla y el ajo picado hasta que estén doraditos.
- Agregar las tiras de pimientos y, al cabo de 5 minutos, el tomate.

- Salpimentar y dejar sofreír 15 minutos a fuego suave.
- Espolvorear con perejil, retirar del fuego y reservar.
- Secar las berenjenas con papel de cocina.
- Calentar el resto del aceite en una sartén y freír ligeramente las berenjenas; escurrirlas sobre papel de cocina.
- Ahuecar un poco las berenjenas con ayuda de una cuchara y llenar el hueco con el sofrito reservado.
- Colocarlas todas en una cazuela de barro amplia, con el fondo cubierto de agua caliente.
- Tapar la cazuela y cocer durante 30 minutos hasta que estén blandas.
- Comprobar el punto de sal y servir.

Blat picat

Para 4 personas
Dificultad: alta
Tiempo: 1 hora y 55 minutos (más 12 horas de remojo)

Ingredientes:

500 g de trigo
250 g de garbanzos
250 g de col
1 hueso de jamón
1 pie de cerdo
1 cebolla
1 tomate
1 cardo
2 nabos
1/2 dl de aceite
1 ramita de hierbabuena
azafrán
sal

Preparación:

- Poner los garbanzos en remojo con agua la noche antes de la preparación.
- Remojar el trigo, escurrirlo y picarlo con un poco de sal en un mortero hasta que se desprenda la capa exterior; a continuación soplar las pieles y lavarlo bajo el grifo.
- Limpiar bien el pie de cerdo.
- Lavar y escurrir la col. Limpiar y trocear el cardo. Pelar y trocear los nabos. Pelar y picar la cebolla y el tomate.
- Escurrir los garbanzos en remojo y cocerlos junto con el trigo en una olla con 1 l de agua.
- Calentar el aceite en una sartén y freír la cebolla.
- Cuando tome color, añadir el tomate y dejar sofreír a fuego moderado.

- Dejar espumar los garbanzos y agregar el sofrito.
- Añadir a la olla el hueso de jamón, el pie de cerdo, los nabos, el cardo y la col.
- Sazonar con sal y una pizca de azafrán.
- Dejar cocer a fuego suave y remover de vez en cuando con una cuchara de madera.
- Cuando los garbanzos estén cocidos, añadir un poco más de agua y dejar hervir hasta que el trigo se abra.
- Agregar la hierbabuena, dejar reposar 5 minutos y servir caliente.

Boniatos
a la mallorquina

Para 4 personas
Dificultad: baja
Tiempo: 40 minutos

Ingredientes:

1 kg de boniatos
250 g de miel
aceite para freír

Preparación:

- Pelar los boniatos, cortarlos en rodajas anchas de 0,5 cm y freírlos poco a poco, a fuego suave en aceite abundante, para que queden bien cocidos.
- Retirarlos cuando estén dorados y ponerlos sobre un papel absorbente para que se empape del aceite que sueltan las rodajas; colocarlos en una bandeja con servilleta y untar por encima con la miel.
- El carácter dulce de este plato hace que también se consuma como postre.

Blat picat

BUÑUELOS DE CALABAZA

Para 4 personas
Dificultad: media
Tiempo: 1 hora y 10 minutos

Ingredientes:

1 calabaza de 1 1/2 kg
300 g de harina
200 g de carne de cerdo picada
1 huevo
50 g de queso rallado
25 g de mantequilla
500 g de tomates maduros
1 zanahoria
1 cebolleta
1 rama de apio
sal
pimienta

Preparación:

- Quitar la corteza y las semillas a la calabaza, cortar en trozos grandes y hervir en abundante agua y sal, tapado.
- Comprobar el punto de cocción.
- Cuando esté en su punto, sacar y escurrir.
- Comprobar que no quede nada de la parte dura y pasarla por el pasapurés; dejar enfriar.
- En un bol, trabajar el puré de calabaza con una pizca de sal, la mantequilla y el huevo batido; echarle la harina poco a poco.
- Cuando esté todo amalgamado, dejar reposar.
- Mientras, preparar la salsa en una cazuela: con un poco de aceite, rehogar la cebolla cortada fina, añadir la zanahoria picada y la rama de apio cortada pequeña, dejar dorar un poco y añadir la carne picada de cerdo.

- Cuando se haya sofrito un poco, agregar los tomates rallados, dejar cocer lentamente; si queda demasiado seco, añadir un poco de caldo o agua caliente.
- Salpimentar.
- Poner una olla al fuego con agua.
- Cuando hierva, echar cucharadas del preparado de calabaza.
- Darle la vuelta, sacar con la espumadera e ir echando en una fuente honda.
- Cuando estén todos, echar encima la salsa preparada de cebolla y zanahoria.
- Espolvorear con el queso rallado, removiendo cuidadosamente para que no se rompa.
- Servir muy caliente.

CARACOLES
A LA MALLORQUINA

Para 4 personas
Dificultad: media
Tiempo: 1 hora y 5 minutos, más el tiempo de hervir los caracoles

Ingredientes:

1 1/2 kg de caracoles
100 g de jamón
250 g de sobrasada
1 cebolla grande
3 tomates maduros
2 dientes de ajo
1 1/2 dl de aceite de oliva
2 1/2 dl de leche
20 g de harina
1 dl de vino blanco
1 copita de brandy
400 g de guisantes desgranados

sal

pimienta

Para hervir los caracoles:

1 hoja de laurel

tomillo

1 zanahoria

1 cebolla pinchada con 2 clavos de especia

1 puerro

perejil

Preparación:

- Los caracoles deben estar en ayunas al menos durante una semana.
- Cuando se vayan a emplear, lavarlos bien en abundante agua fría, varias veces, para que suelten la baba que aparece en forma de espuma, lavar hasta que salga el agua bien clara.
- Ponerlos a cocer en una olla cubiertos de agua fría, aumentando la intensidad del fuego, para que el agua vaya calentándose y los caracoles vayan saliendo de sus conchas.
- Comprobar que hayan salido todos de las conchas.
- Entonces, subir el fuego, dejar hervir rápido, para que los caracoles queden fuera de las conchas; mantener la ebullición unos 5 minutos.
- Escurrir.
- Desechar los que estén dentro de la concha.
- Volver a poner en la olla, cubrir con agua fría, poner unas cuantas hierbas (las que tengamos): 1 zanahoria, 1 cebolla pinchada con 2 clavos de especia, laurel, tomillo, perejil, romero, etc., todo atado con un cordel.

- Salar.
- Dejar hervir, espumar y dejar cocer lentamente unas 2 horas.
- Escurrir.
- Poner una cazuela con el aceite, freír el jamón cortado en trocitos, la cebolla picada y los ajos.
- Cuando empiece a dorarse, añadir los tomates picados, dejar freír un poco y añadir el vino y el brandy.
- Esperar a que se caliente y flamear.
- Añadir la harina, dejar dorar y remover.
- Incorporar la leche caliente, la sobrasada, cortada en trozos, los caracoles que ya hemos hervido, bien escurridos, y los guisantes, cubrir con caldo o agua caliente (escasamente, pues no debe quedar demasiada salsa).
- Dejar cocer lentamente con la cazuela tapada, hasta que los guisantes estén cocidos.
- Comprobar el punto de sal y pimienta.
- Cuando esté todo cocido, la salsa no debe ser excesiva y debe quedar algo ligada.
- Servir en la misma cazuela, caliente.

CAZUELA DE HABAS VERDES

Para 4 personas
Dificultad: alta
Tiempo: 1 hora y 10 minutos

Ingredientes:

2 kg de habas tiernas (con vaina)
8 alcachofas
2 tomates maduros
3 cebollas
4 huevos
1 rebanada de pan
1 diente de ajo
1 dl de aceite
1 ramillete de hierbas aromáticas (1 hoja de laurel, azafrán, 3 ramitas de hierbabuena y 3 ramitas de perejil)
3 granos de pimienta
comino
sal

Preparación:

- Pelar y picar el diente de ajo, los tomates y las cebollas.
- Quitar las hojas duras de las alcachofas y cortarles la parte superior.
- Partir las alcachofas por la mitad.
- Poner a hervir 1 1/2 l de agua en una cazuela.
- Desgranar las habas y cocerlas en el agua hirviendo durante 10 minutos.
- Mientras, calentar el aceite en una sartén y freír la rebanada de pan hasta que esté doradita; escurrirla y reservar.
- Freír la cebolla picada en el mismo aceite.
- Cuando esté transparente, añadir el ajo y, al cabo de 3 minutos, el tomate bien triturado.

- Sazonar con sal y sofreírlo todo a fuego suave.
- Colar las habas y colocarlas en una cazuela de barro; reservar un vasito del caldo de la cocción.
- Agregar las alcachofas a la cazuela, junto con el ramillete de hierbas aromáticas y cubrir con agua.
- Sazonar con sal, tapar y cocer 40 minutos a fuego suave.
- Majar en un mortero el comino, los granos de pimienta y el pan frito.
- Diluir el majado con medio vasito del caldo de la cocción.
- Añadirlo a la cazuela y dejar que se cueza hasta que la salsa se espese.
- Repartir los huevos por encima, dejarlos cuajar y servir el plato caliente.

CAZUELA DE ZANAHORIAS CON SALSA PICANTE

Para 4 personas
Dificultad: baja
Tiempo: 35 minutos

Ingredientes:

600 g de zanahorias
4 dientes de ajo
1/2 dl de aceite de oliva
1 cucharada de vinagre
1 cucharada de azúcar
1/2 cucharadita de comino
1/2 cucharadita de pimienta de Cayena
1 ramita de perejil
1/2 ramita de canela
semillas de cilantro
sal

Preparación:

- Raspar, lavar y cortar las zanahorias en rodajas finas.
- Hervir 1 1/2 l de agua en una cacerola y cocer las zanahorias durante 15 minutos hasta que estén tiernas; escurrirlas y reservarlas.
- Picar la ramita de perejil.
- Pelar y picar los dientes de ajo muy finos.
- Calentar el aceite en una cazuela y dorar el ajo a fuego muy suave.
- Añadir las zanahorias, la pimienta de Cayena, una pizca de semillas de cilantro, el comino, el vinagre y una pizca de sal.
- Tapar la cazuela y dejar rehogar 10 minutos a fuego suave.
- Espolvorear con el perejil picado y servir.

CEBOLLAS RELLENAS MALLORQUINAS

Para 4 personas
Dificultad: media
Tiempo: 45 minutos

Ingredientes:

6 cebollas grandes
500 g de carne picada
1 dl de aceite
1/2 vasito de vino blanco
1 1/2 cucharaditas de perejil picado
1 hoja de laurel
sal
pimienta

Preparación:

- Pelar las cebollas y cocerlas ligeramente en agua con sal y el laurel; escurrirlas.

- Cortar la parte superior de las cebollas haciendo una tapa, y con ayuda de una cucharita, ahuecarlas; reservar la parte extraída.
- Calentar 3 cucharadas de aceite en una sartén.
- Sazonar la carne con sal y pimienta y espolvorear con perejil.
- Verter la carne sobre el aceite caliente, tapar la sartén y rehogar hasta cocer la carne; añadir la cebolla extraída y mezclarla con la carne.
- Remover de tanto en tanto con una cuchara de madera; cuando la carne esté cocida, retirar del fuego.
- Calentar el horno a temperatura alta.
- Llenar los huecos de las cebollas con el picadillo de carne, cubrirlas con la tapita de cebolla y colocarlas en una cazuela; rociar con el resto del aceite e introducir en el horno; a media cocción rociar con el vino blanco.
- Cuando la parte superior esté dorada, retirar del fuego y servir.

COCA DE TOMATE Y PIMIENTOS

Para 6 personas
Dificultad: baja
Tiempo: 50 minutos

Ingredientes:

500 g de harina
2 1/2 dl de aceite de oliva
2 1/2 dl de vino blanco
1 kg de pimientos rojos y verdes
1 1/2 kg de tomates maduros
60 g de piñones
8 dientes de ajos
1/2 dl de aceite
sal

Preparación:

- En un recipiente, mezclar los siguientes ingredientes: el aceite, el vino, un poco de agua y sal.

- Seguidamente añadir la harina poco a poco, trabajando de manera que la masa no quede demasiado fuerte; más bien tiene que quedar elástica.

- Enseguida untar una placa de horno, extender la pasta encima, formar un reborde y dejar descansar un poco, en lugar caldeado.

- Preparar el relleno: en un cazo, freír un poco los ajos previamente cortados en láminas; antes de que se doren, añadir los pimientos lavados, quitadas las semillas y cortados en trozos medianos, dejar rehogar un poco.

- A continuación añadir los tomates pelados y cortados en dados, dejar cocer lentamente.

- Disponer el sofrito encima de la coca (tiene que estar jugoso).

- Esparcir los piñones por encima y poner al horno que se habrá precalentado 30 minutos.

- Servir enseguida.

Coca de tomate y pimientos

COCA DE TREMPÓ (VERDURAS)

Para 6 personas
Dificultad: baja
Tiempo: 45 minutos

Ingredientes:

2 dl de leche o de agua
1 dl de aceite de oliva
10 g de levadura prensada
500 g de harina, aproximadamente

Relleno:

500 g de acelgas
1 manojo de cebollitas tiernas
2 pimientos verdes
3 dientes de ajo
1 ramo de perejil
3 tomates maduros y fuertes
30 g de pimentón dulce
aceite
sal

Preparación:

- Diluir en un bol pequeño la levadura con un poco de leche tibia, pasarla a un bol grande, añadir el resto de la leche y el aceite, mezclarlo bien.
- Añadir la harina poco a poco, hasta que no se pegue en los dedos.
- Pasarla al mármol, seguir añadiendo, hasta que la pasta se pegue pero no se enganche. Amasar muy bien.
- Engrasar una placa de horno y extender la pasta preparada bien fina, tapar con un paño de cocina y dejar fermentar en lugar templado hasta que aumente su volumen (1 hora, aproximadamente).

- Mientras, preparar las verduras; cortar los tallos de las acelgas (que no se ponen) y las hojas a la juliana.
- Cortar también muy pequeñas el resto de las verduras, picar los ajos.
- Ponerlo todo en un bol grande.
- Con el pimentón, sal y bastante aceite aliñar las verduras como si preparásemos una ensalada.
- Dejar macerar.
- Cuando la pasta esté en su punto de fermentación, agregar las verduras bien extendidas y cocer la coca en el horno precalentado a unos 160 °C, unos 30 o 35 minutos.

COCARROIS (PASTELITOS DE ESPINACAS)

Para 4 personas
Dificultad: baja
Tiempo: 1 hora

Ingredientes:

Para la masa:
400 g de harina
50 g de manteca de cerdo
1/2 dl de aceite de oliva
40 g de azúcar
1/2 dl de agua
1 huevo

Relleno:
750 g de espinacas frescas
50 g de pasas de Corinto
40 g de piñones
1 cucharada de pimentón
1/2 dl de aceite
pimienta y sal

Preparación:

- En un bol, mezclar con una espátula de madera el huevo, la manteca de cerdo y el aceite, trabajar hasta que esté cremoso.
- Añadir el agua y el azúcar, mezclar bien e incorporar poco a poco la harina. Amasar hasta que la pasta tenga un poco de consistencia. Dejar reposar 30 minutos, tapada.

Relleno:

- Lavar bien las espinacas (sólo las hojas), cortarlas y cocerlas al vapor unos 10 minutos.

- Escurrirlas bien apretándolas con las 2 manos, hasta sacar al máximo el agua.
- En una sartén con un poco de aceite, rehogar las espinacas unos minutos, salpimentar y añadir los piñones y las pasas.
- Mezclar cuidadosamente, espolvorear con el pimentón, remover rápidamente y retirar del fuego.
- Espolvorear con harina el mármol y estirar con el rodillo la masa preparada.
- Con un cortapastas, cortar círculos de unos 20 cm de diámetro.
- Cuando estén todos, repartir el relleno, un poco en el centro de cada uno.
- Unir los bordes de la masa por encima del relleno y formar un cordón para cerrar.
- Este cordón tiene que quedar arriba, por encima del relleno, no al lado, como una empanadilla normal.
- Precalentar el horno a 18 °C.
- Poner los «cocarrois» en una fuente para horno, untada con aceite y cocer unos 25 o 30 minutos.
- Servir tibios o fríos.

COCOTS DE VALENCIA (EMPANADILLAS)

Para 6 personas
Dificultad: alta
Tiempo: 1 hora y 30 minutos

Ingredientes:

600 g de harina
700 g de merluza (peso neto)
2 pimientos rojos
25 g de piñones
1 huevo
1 limón
3 dl de aceite de oliva
1 hoja de laurel
1 cebolla
nuez moscada
sal

Preparación:

- Formar un volcán con la harina sobre el mármol; en el centro, formar un hueco y poner 2 dl de aceite, y otros 2 de agua y sal.

- Amasar absorbiendo poco a poco la harina, hasta formar una masa compacta.

- Tapar con un paño de cocina y dejar descansar un rato.

- Asar los pimientos directamente a la llama del fuego, hasta que estén bien tostados pero sin que se quemen, pelar con cuidado y cortar en dados.

- Reservar.

- Limpiar la merluza, ponerla a hervir en un cazo cubierta de agua, con la cebolla troceada, el zumo de limón, el laurel y sal.

- Mantener la ebullición sólo durante 10 minutos, escurrir y dejar enfriar.

- Sacar la piel y espinas y desmenuzarla, mezclar con los pimientos asados, los piñones, aromatizar con nuez moscada y aliñarla con 1 dl de aceite de oliva, mezclar bien, comprobar el punto de sal y rectificar si es necesario.

- Reservar.

- Cuando la masa está reposada, dividirla en 12 trozos, formar unas bolas, espolvorear con harina el mármol y extender las bolas con el rodillo.

- Procurar darles forma ovalada de unos 4 mm de grosor.

- Repartir el relleno por igual en el centro de cada una, pintar con huevo batido los bordes y doblar la masa sobre sí misma, con el relleno dentro, procurando que no rebose.

- Presionar los bordes para que queden pegados, presionar un poco con un tenedor los bordes de cada «cocot» para que queden un poco rizados; esto, además de adorno, sirve para afianzar la unión de los bordes.

- Colocar las «cocots» en una placa de horno untada, pintar con huevo batido.

- Con la punta de un cuchillo, hacer un dibujo como adorno y cocer a horno precalentado unos 20 minutos, hasta que adquieran un bonito color dorado.

- Servir calientes.

Cocots de Valencia (empanadillas)

CREMA DE ACEITUNAS

Para 4 personas
Dificultad: baja
Tiempo: 35 minutos (más 30 minutos de remojo)

Ingredientes:

12 rebanadas de pan
250 g de aceitunas negras
125 g de alcaparras
100 g de anchoas (1 lata)
1 diente de ajo
1 dl de aceite
sal

Preparación:

- Poner las anchoas en remojo con agua durante 30 minutos para desalarlas; cortar las cabezas de las anchoas y quitarles la espina central; lavarlas, escurrirlas y secarlas.
- Deshuesar las aceitunas.
- Pelar y picar el diente de ajo.
- En un mortero, machacar el ajo, las aceitunas, las alcaparras y las anchoas hasta formar una pasta.
- Añadir 4 cucharadas de aceite lentamente y remover constantemente hasta obtener una crema espesa.
- Calentar el resto del aceite en una sartén y freír las rebanadas de pan hasta que estén bien doradas.
- Colocar el pan frito en una bandeja, la crema en una salsera y servir.

CREMA DE BERENJENAS

Para 4 personas
Dificultad: baja
Tiempo: 55 minutos

Ingredientes:

10 rebanadas de pan
2 berenjenas grandes
1 tomate maduro
1/2 cebolla
1 diente de ajo
1 1/2 dl de aceite
1 cucharadita de vinagre
sal
pimienta

Preparación:

- Lavar, secar y asar 30 minutos las berenjenas en el horno a temperatura alta (200 °C) hasta que estén blandas.
- Mientras, picar y triturar el tomate maduro.
- Pelar y picar muy finamente el diente de ajo y la media cebolla.
- Cuando las berenjenas estén asadas, retirarlas del horno, pelarlas con cuidado y cortarlas en trocitos.
- Machacar en un mortero el ajo, la cebolla, el tomate y las berenjenas.
- Añadir 1 dl de aceite de oliva muy lentamente y remover suavemente con la maza hasta obtener una salsa espesa.
- Agregar el vinagre, sazonar con sal y pimienta y dejar reposar.
- Calentar el resto del aceite en una sartén y freír las rebanadas de pan; escurrirlas en papel de cocina; colocar las rebanadas en una fuente, la crema de berenjenas en una salsera y servir.

Crema de berenjenas

EMPANADILLAS MURCIANAS

Para 4 personas
Dificultad: media
Tiempo: 1 hora y 10 minutos

Ingredientes:

500 g de harina
1 dl de aceite
1 dl de vino blanco
10 g de levadura en polvo
sal
pimienta

Relleno:

250 g de pescado: merluza, rape, mero, etc., sin pieles ni espinas (previamente cocido)
200 g de cebollas
200 g de tomates
2 pimientos rojos
1 dl de aceite
1 dl de vino blanco
1 diente de ajo
perejil
sal
pimienta

Preparación:

- Formar un montón con la harina; en el centro, hacer un hueco y echar todos los ingredientes indicados, trabajar con las manos hasta formar una pasta compacta.

- Trabajar hasta lograr que quede fina y se despegue del mármol, tapar con un paño y dejar reposar 15 minutos.

- Asar los pimientos, pelar y quitarles las semillas.

- Mientras, en un cazo con aceite, freír las cebollas picadas finas y añadir el diente de ajo picado.

- Cuando empiece a tomar color, incorporar los tomates rallados, sofreír y rociar con el vino; dejar evaporar.

- Añadir perejil picado y salpimentar.

- Incorporar el pescado desmenuzado y el pimiento asado cortado en dados, dejar cocer, debe quedar casi seco.

- Dejar enfriar.

- Laminar la pasta con el rodillo, darle forma rectangular, darle 2 vueltas sencillas (como el hojaldre) y dejar descansar 10 minutos más.

- Pasado ese tiempo, laminar otra vez hasta que tenga unos 3 mm de grueso, cortar discos con un molde, laminar un poco más.

- Colocar en el centro de cada uno un poco del preparado.

- Mojar el borde con un poco de agua y doblar la pasta dándole forma de media luna, con el relleno dentro.

- Con el tenedor, marcar rayas en todo el borde.

- Sirve de adorno y, al mismo tiempo, de cierre.

- Calentar aceite y freír las empanadillas a temperatura media.

- También pueden cocerse al horno, pintadas con huevo batido.

- Servir recién hechas, con una buena ensalada verde.

ENSALADA DE ACEITUNAS

Para 4 personas
Dificultad: baja
Tiempo: 15 minutos (más 1 hora de
refrigeración)

Ingredientes:

150 g de aceitunas verdes deshuesadas
150 g de aceitunas negras deshuesadas
1 naranja
3 1/2 dientes de ajo
1/2 dl de aceite de oliva
1 cucharadita de pimentón
1/2 cucharadita de comino
3 ramitas de perejil
1 guindilla
sal

Preparación:

- Rallar la corteza de la naranja y reservar la ralladura.
- Pelar y picar los dientes de ajo.
- Picar las hojas de perejil y la guindilla.
- Colocar todas las aceitunas en una ensaladera.
- Añadir el ajo, la guindilla y el perejil picados.
- Espolvorear con la ralladura de la naranja, el comino y el pimentón.
- Rociar con el aceite de oliva, remover y poner la ensalada 1 hora en el frigorífico para macerar.
- Sazonar con sal y servir.

ENSALADA DEL SUR

Para 4 personas
Dificultad: baja
Tiempo: 15 minutos (más 1 hora de maceración)

Ingredientes:

2 pimientos verdes
4 tomates
2 cebollas
2 pepinos
2 huevos
1/2 dl de aceite de oliva
2 cucharadas de vinagre
sal

Preparación:

- Cocer los huevos 10 minutos en un cazo con agua hirviendo.
- Reservar los huevos bajo el chorro suave del grifo.
- Mientras, lavar y quitar las semillas de los pimientos.
- Lavar y pelar los pepinos.
- Pelar y cortar las cebollas en juliana.
- Cortar los tomates, los pimientos verdes y los pepinos en daditos.
- Pelar los huevos y cortarlos en rodajas finas.
- Poner todos los ingredientes en una fuente honda y aliñar con el aceite, el vinagre y la sal.
- Remover, dejar macerar 1 hora y servir.

ENSALADA MURCIANA

Para 4 personas
Dificultad: media
Tiempo: 45 minutos

Ingredientes:

4 tomates maduros
4 cebollas
2 pimientos verdes
1 pimiento rojo
2 berenjenas
1 manojo de ajos tiernos
1 limón
4 dientes de ajo
1 dl de aceite de oliva
sal

Preparación:

- Calentar el horno a temperatura moderada.
- Mientras, pelar las cebollas.
- Lavar y escurrir bien los ajos tiernos.
- Lavar los tomates, los pimientos y las berenjenas.
- Untar los ingredientes con aceite y colocarlos todos junto con los dientes de ajo en una bandeja.
- Asarlos en el horno a 180 °C de temperatura.
- Exprimir el zumo del limón.
- Cuando la verdura esté tierna, retirar la fuente del horno.
- Pelar y cortar los dientes de ajo y los ajos tiernos en filetes finos.
- Pelar y quitar las semillas de los pimientos y los tomates.
- Cortar las berenjenas y los pimientos a tiras

- Cortar los tomates y las cebollas en cuartos.
- Colocarlo todo en una fuente amplia, junto con los ajos tiernos asados.
- Espolvorear con los dientes de ajo, rociar con el zumo de limón, el aceite o jugo de la asadura.
- Sazonar con sal y servir caliente.

Ensalada murciana

FIDEUÀ (FIDEOS CON PESCADO)

Para 4 personas
Dificultad: baja
Tiempo: 40 minutos

Ingredientes:

400 g de fideos curvados y huecos del n.º 2
4 cigalas
300 g de rape
1 cucharada de pimentón picante
1 cebolla
2 dientes de ajo
400 g de tomates maduros
1 dl de aceite de oliva
azafrán
perejil
caldo de pescado, el doble en volumen que fideos
sal
pimienta

Preparación:

- En una paella, poner el aceite a calentar y rehogar en él las cigalas.
- Reservar.
- En el mismo aceite, rehogar el rape cortado en trozos, añadir la cebolla cortada fina.
- Antes de que la cebolla tome color, añadir los ajos y perejil picados, luego los tomates pelados y picados pequeños.
- Salpimentar.
- Sofreír sin dejar de remover el pimentón picante, remover y ligar bien con los demás ingredientes.
- Añadir enseguida los fideos bien repartidos, remover la paella con cuidado.

- Añadir el caldo de pescado caliente, aromatizar con las hebras de azafrán tostado.
- Probar el punto de sal y rectificar, si es necesario.
- Dejar hervir a fuego medio durante unos 12 minutos.
- Antes de finalizar la cocción, decorar con las cigalas reservadas, dejar 5 minutos; si fuera necesario, añadir un poco más de caldo.
- Dejar reposar unos minutos y servir en la misma cazuela.

Fideuà (fideos con pescado)

GRANADA DE BERENJENAS

Para 4 personas
Dificultad: media
Tiempo: 1 hora y 15 minutos

Ingredientes:

1 kg de berenjenas
400 g de pimientos rojos
500 g de cebollas
200 g de tomates
3 huevos
1 1/4 l de leche
1 dl de aceite
100 g de pan rallado
canela en polvo
sal
pimienta

Preparación:

- Pelar las berenjenas (reservar las pieles); cortarlas en dados.

- Pelar también las cebollas y cortarlas en dados.

- En un cazo al fuego, calentar el aceite, rehogar la cebolla, dejar unos minutos y añadir las berenjenas y después el tomate pelado y troceado; dejar cocer lentamente 30 minutos. Salpimentar y espolvorear con canela molida.

- Untar con aceite un molde de barro, formarlo con las pieles de berenjenas reservadas, espolvorear con el pan rallado.

- Cuando las verduras estén en su punto, batir los huevos con la leche e incorporarlos al cazo.

- Remover con cuidado, añadir 1 cucharada de pan rallado, mezclar bien y verter en el molde, volver a espolvorear con pan rallado.

- Precalentar el horno a 180 °C e introducir el molde en él, al baño María.

- Dejar cocer unos 30 minutos hasta que cuaje.

- Desmoldear para servir.

- Se toma tibio o frío.

GREIXERA

Para 4 personas
Dificultad: media
Tiempo: 1 hora y 35 minutos

Ingredientes:

500 g de guisantes (con vaina)
500 g de habas tiernas (con vaina)
2 rodajitas de sobrasada mallorquina
3 cebolletas tiernas
2 patatas medianas
1 cebolla grande
1 cabeza de ajos
1/2 dl de aceite
1/2 cucharadita de canela
1/2 cucharadita de clavo de especia
sal
pimienta

Preparación:

- Desgranar los guisantes; lavarlos y escurrirlos.

- Trocear las habas con las vainas.

- Pelar y picar la cebolla.

- Pelar y cortar las patatas en dados.

- Cortar las cebolletas en rodajitas.

- En una cazuela de barro, calentar el aceite y freír la cebolla picada y las rodajas de cebolleta junto con la sobrasada, todo a fuego suave.

- Cuando la cebolla esté blanda, añadir la cabeza de ajo entera y las habas; remover.
- Dejar rehogar bien las habas y agregar los dados de patata.
- Verter en la cazuela un vaso de agua y dejar que hierva.
- Entonces, añadir los guisantes.
- Salpimentar y espolvorear con una pizca de clavo y canela en polvo.
- Tapar la cazuela y cocer a fuego suave hasta que los ingredientes estén tiernos.
- Mientras, cocer los huevos en un cazo con agua durante 12 minutos, dejarlos bajo el agua del grifo unos minutos.
- Pelar los huevos duros, partirlos por la mitad y colocarlos sobre la verdura 5 minutos antes de retirar la cazuela del fuego.
- Quitar la cabeza de ajos y servir muy caliente.

GUISANTES AROMATIZADOS

Para 4 personas
Dificultad: baja
Tiempo: 1 hora y 30 minutos

Ingredientes:

3 kg de guisantes (con vainas)
150 g de tocino
3 cebollas tiernas
5 ajos tiernos
3 ramitas de hierbabuena
3 ramitas de mejorana
1 dl de aceite
1/2 copita de anís seco
1/2 copita de moscatel
1/2 cucharadita de licor de menta
sal

Preparación:

- Desgranar los guisantes.
- Trocear el tocino en dados; hacer un ramillete con las ramitas de hierbas.
- Pelar y picar los dientes de ajo y las cebollas.
- Calentar el aceite en una cazuela de barro y freír el tocino.
- Cuando esté doradito, añadir el ajo y la cebolla picados.
- Freír a fuego medio hasta que tomen color; agregar los guisantes y el ramillete de hierbas aromáticas.
- Verter el moscatel, el anís y el licor de menta y sazonar con sal.
- Cubrir la cazuela con papel de barba, tapar y cocer 30 minutos a fuego muy suave; agitar de vez en cuando la cazuela y añadir agua si queda poco jugo.
- Comprobar el punto de sal y servir caliente.

Guiso de patatas con almendras

Para 4 personas
Dificultad: media
Tiempo: 50 minutos

Ingredientes:

750 g de patatas
12 almendras peladas
1 rebanada de miga de pan duro
1 diente de ajo
1/2 dl de aceite de oliva
1/2 dl de vinagre de jerez
3 ramitas de perejil
3 hebras de azafrán
1 hoja de laurel
5 granos de pimienta
sal

Preparación:

- Pelar y picar el diente de ajo.
- Poner la miga de pan en remojo en el vinagre.
- Pelar y cortar las patatas en trozos grandes.
- Calentar en una cazuela tres vasos de agua con la hoja de laurel, el perejil, el azafrán y los granos de pimienta.
- Cuando hierva, añadir las patatas y sazonar con sal.
- Tapar la olla y cocer a fuego suave.
- Mientras, machacar en un mortero el diente de ajo con un poco de sal.
- Añadir las almendras y la miga de pan remojada.
- Cuando esté todo bien majado, verter lentamente el aceite y remover hasta que se forme una pasta.

- Desleír la pasta con unas cucharadas del caldo de las patatas.
- Una vez cocidas las patatas, retirar la olla del fuego y verter el majado.
- Remover ligeramente y cocer sin dejar hervir hasta que la salsa se espese.
- Dejar reposar 5 minutos, comprobar el punto de sal y servir.

Guiso de patatas con almendras

GUISO DE PIMIENTOS Y BERENJENAS

Para 4 personas
Dificultad: baja
Tiempo: 50 minutos

Ingredientes:

500 g de berenjenas
500 g de pimientos verdes
500 g de tomates
250 g de calabaza amarilla
1 cebolla grande
1 dl de aceite
1 cucharada de vinagre
1 cucharadita de pimentón
sal

Preparación:

- Pelar y picar la cebolla.
- Pelar y rallar los tomates.
- Lavar y quitar las semillas de los pimientos; cortarlos en tiras.
- Pelar y trocear la calabaza y las berenjenas.
- Calentar el aceite en una cazuela de barro y freír el pimiento y la cebolla picada.
- Cuando la cebolla tome color, añadir el tomate rallado y sofreír durante 10 minutos a fuego suave.
- Agregar la berenjena y la calabaza; remover con una cuchara de madera.
- Sazonar con sal y pimentón y verter la cucharada de vinagre.
- Tapar la cazuela y dejar cocer a fuego suave hasta que la verdura esté blanda.
- Comprobar el punto de sal y servir caliente.

HOJAS DE PARRA RELLENAS DE ARROZ

Para 4 personas
Dificultad: media
Tiempo: 1 hora y 35 minutos

Ingredientes:

20 hojas de parra frescas
100 g de arroz
30 g de pasas de Corinto
30 g de piñones
1 yogur natural
1 cebolla
1/2 limón
1 dl de aceite
1 ramita de menta
sal

Preparación:

- Pelar y picar la cebolla.
- Exprimir el zumo del limón.
- Lavar bajo el grifo las hojas de parra, escurrirlas y secarlas.
- Calentar en un cazo dos tacitas de agua y reservarlas calientes.
- Calentar en una sartén la mitad del aceite y freír la cebolla a fuego suave hasta que esté transparente.
- Añadir el arroz, tapar la sartén y cocer durante 5 minutos.
- Sazonar con una cucharadita de sal.
- Agregar los piñones, las pasas y las hojas de menta; remover.
- Al cabo de 5 minutos, retirar la sartén del fuego y dejar reposar
- Extender las hojas de parra sobre una mesa.

- Colocar una cucharadita del relleno en el centro de cada una, envolver en forma de rollito y sujetar con hilo.
- Poner los rollos de parra en una cazuela, bañarlos con el zumo de limón y el resto del aceite y cubrir con el agua caliente reservada.
- Tapar la cazuela y cocer 45 minutos a fuego suave.
- Dejar reposar 10 minutos, cubrir los rollitos con el yogur y servir.

HUEVOS AL MODO DE SÓLLER

Para 4 personas
Dificultad: media
Tiempo: 40 minutos

Ingredientes:

8 huevos bien frescos
8 rodajas anchas de sobrasada
200 g de guisantes desgranados
1 puerro grande
1 zanahoria
50 g de mantequilla
2 1/2 dl de leche
1 dl de caldo de pescado
1 terrón de azúcar
aceite
sal

Preparación:

- En un cazo al fuego, derretir mantequilla, rehogar el puerro y la zanahoria pelados y cortados en rodajitas delgadas.
- Cuando empiecen a tomar color, añadir los guisantes, dejarlos rehogar un poco y agregar la leche, el terrón de azúcar y sal.

- Dejar cocer lentamente hasta que todo esté tierno.
- Pasarlo todo por el pasapurés; debe quedar un puré ligero, pero que cubra; si queda demasiado espeso, añadirle el caldo de pescado en cantidad conveniente.
- Freír los huevos de uno en uno, sacar un poco de aceite y freír la sobrasada, retirar la piel.
- En una fuente de servir caliente, poner las rodajas de sobrasada recién fritas, encima de cada rodaja colocar 1 huevo frito y cubrir cada uno con la salsa de hortalizas, procurando no romper las yemas.
- Servir caliente.

HUEVOS FRITOS
A LA MALLORQUINA

Para 4 personas
Dificultad: baja
Tiempo: 25 minutos

Ingredientes:

8 huevos bien frescos
4 rodajas de sobrasada anchas
aceite para freír
400 g de tomates
sal
pimienta

Preparación:

- En una sartén con abundante aceite, freír los huevos de uno en uno y colocarlos en una fuente bien escurridos de grasa.

- Retirar un poco de aceite y freír la sobrasada cuidando que no se rompan las rodajas, quitarles la piel y colocarlas en la fuente al lado de los huevos.

- Rociarlo todo con la grasa que haya quedado en la sartén y pasarlos enseguida a la mesa para tomarlos bien calientes.

- Pelar los tomates, si los escaldamos un momento la piel saldrá mejor, y cortarlos en dados, aliñarlos con sal, pimienta y un poco de aceite y servir para acompañar los huevos.

JARUGAS

Para 4 personas
Dificultad: baja
Tiempo: 45 minutos

Ingredientes:

1 kg de habas tiernas
600 g de cebolletas
4 chorizos caseros
1/2 dl de aceite
sal

Preparación:

- Pelar y picar las cebolletas.

- Quitar las hebras de los bordes de las vainas y trocear las habas.

- Poner una cucharada de aceite en una cazuela y agregar las cebolletas picadas, las habas y los chorizos.

- Cocer a fuego muy suave hasta que las habas estén tiernas.

- Sazonar con una pizca de sal y servir.

Huevos fritos a la mallorquina

Lentejas con sobrasada

Para 4 personas
Dificultad: media
Tiempo: 2 horas y 20 minutos, más el tiempo de remojo

Ingredientes:

400 g de lentejas
250 g de sobrasada
1 cebolla
200 g de tomates
1 diente de ajo
2 dl de vino blanco
1/2 dl de aceite
1 hoja de laurel
sal
pimienta

Preparación:

- Poner las lentejas en remojo en abundante agua; dejar 12 horas.

- Al día siguiente, escurrir las lentejas, lavarlas y ponerlas en una olla cubiertas de agua fría, ponerlas al fuego, añadir el laurel, llevar a ebullición, bajar la intensidad del fuego y dejar cocer lentamente.

- En una sartén al fuego con el aceite caliente, rehogar la cebolla y el ajo picados pequeños.

- Cuando empiecen a tomar color, añadir los tomates pelados, sin semillas y picados; dejar evaporar un poco el agua.

- Agregar el vino, dejar evaporar, añadir la sobrasada, sin piel y cortada en dados, sofreír unos minutos, remover con cuchara de madera.

- Volcar todo este sofrito en la olla donde las lentejas ya estarán casi cocidas.

- Si han quedado cortas de agua, añadir un poco, pues han de quedar caldosas, para tomarlas con cuchara.

- Salpimentar; dejar cocer hasta estar al punto.

- Servirlas en una fuente honda y bien calientes.

Michirones (habas picantes)

Para 4 personas
Dificultad: baja
Tiempo: 45 minutos

Ingredientes:

3 kg de habas desgranadas
2 chorizos murcianos
1 hueso de jamón
1 pimiento picante
1 cucharadita de azúcar
sal
pimienta

Preparación:

- Disponer una olla de barro al fuego, con las habas desgranadas, los chorizos, el hueso de jamón, el pimiento picante, limpio y sin pepitas.

- Cubrir con agua, salpimentar, añadir la cucharadita de azúcar y dejar hervir lentamente, hasta que las habas estén tiernas y se haya consumido el caldo, dejando un jugo espeso y un poco de grasa.

- Servir caliente en la misma olla.

Michirones (habas picantes)

PAELLA A LA MARINERA

Para 4 personas
Dificultad: media
Tiempo: 50 minutos

Ingredientes:

400 g de arroz
400 g de mejillones
250 g de rape
200 g de gambas pequeñas
4 cigalas
250 g de calamares
1 sepia
1 cabeza de merluza y espinas de pescados
100 g de tomates
1 cebolla
2 dientes de ajo
2 dl de aceite
1 1/4 l de caldo
azafrán
harina
pimentón
perejil
limón
pimienta y sal

Preparación:

- Lavar y cortar el rape en trozos.
- Salar y pasar por harina.
- En una cazuela al fuego, calentar aceite y freír el rape, sacar y reservar.
- En el mismo aceite, freír la cabeza de merluza y las espinas, salpimentar, y echar el agua, dejar hervir unos 30 minutos.
- Colar con colador fino.
- Mientras, en la paella, poner 1 dl de aceite, freír las gambas, las cigalas; retirar.

- Poner la sepia, bien lavada y troceada, los calamares limpios y cortados en rodajas; rehogar y añadir la cebolla picada; antes de que se dore, poner el ajo y perejil picados, luego el tomate rallado.
- Cuando esté todo bien rehogado, poner 1 cucharadita de pimentón y el arroz; remover vivamente, echar enseguida 1 1/4 l de caldo caliente (el de la cocción de la cabeza de merluza y las espinas).
- Cocer a fuego vivo unos minutos y volver a poner los otros pescados.
- Cocer los mejillones al vapor, quitar una valva, colar el jugo y echarlo al arroz.
- Dejar cocer a fuego medio unos 8 minutos más.
- Adornar con los mejillones clavados en el arroz y unas rodajas de limón.
- Dejar descansar 5 minutos y presentar en la misma paella en la mesa.
- Servir.

Paella a la marinera

PAELLA VALENCIANA

Para 4 personas
Dificultad: alta
Tiempo: 1 hora y 20 minutos

Ingredientes:

400 g de arroz
1/2 pollo
1/2 conejo
250 g de costilla de cerdo
16 caracoles «vaquetes»
100 g de tomates
1 pimiento rojo
2 dientes de ajo
1 dl de aceite
200 g de «garrofons» frescos
100 g de judías «ferraura»
2 l de agua
perejil
azafrán
sal
pimentón
pimienta

Preparación:

- Poner aceite en la paella y llevar al fuego.
- Cuando esté caliente el aceite, sofreír el pollo, cortado en trozos, el conejo y la costilla de cerdo, todo troceado; darle vueltas para que se dore todo por igual.
- Retirar los trozos de carne y reservar.
- En el mismo aceite, rehogar el pimiento cortado en dados, añadir las judías «ferraura» y los «garrofons».
- Sofreír un poco y añadir los ajos y el perejil finamente picados.
- Antes de que tomen color, añadir el tomate rallado, rehogar un poco y poner el pimentón, remover vivamente, volver a poner las carnes y verter el agua caliente.
- Salpimentar.
- Primero dejar cocer un poco a fuego vivo, luego bajarlo y dejar a fuego medio; debe cocer unos 40 minutos.
- Comprobar el punto de cocción de las carnes, añadir los caracoles y una pizca de azafrán.
- Volver a subir el volumen del fuego y echar el arroz, en forma de lluvia, procurando que quede bien repartido; dejar cocer durante unos 12 minutos.
- Comprobar el punto de sal y de cocción.
- Dejar reposar unos 5 minutos y servir.

PASTEL DE CEBOLLA

Para 4 personas
Dificultad: media
Tiempo: 45 minutos (más 30 minutos de reposo)

Ingredientes:

250 g de harina
1/2 dl de aceite
1 1/2 cucharaditas de levadura en polvo
sal

Para el relleno:

1 kg de cebollas
50 g de aceitunas negras
12 filetes de anchoa (1 lata)
1 dl de aceite
pimienta y sal

Preparación:

- Colocar la harina sobre el mármol o mesa de la cocina, formando una montaña, y hacer un hueco en el centro.

- Desleír la levadura con dos cucharadas de agua templada.

- Poner en el hueco de harina, la levadura, una pizca de sal y 5 cucharadas de aceite. Amasar los ingredientes con las manos hasta conseguir una masa homogénea.

- Cubrir la masa con un paño y dejarla reposar 30 minutos.

- Mientras, pelar y cortar las cebollas en juliana fina.

- Calentar el aceite restante en una sartén grande y verter la cebolla.

- Tapar la sartén y rehogar la cebolla a fuego suave hasta que esté blanda.

- Sazonar con sal y pimienta.

- Calentar el horno a temperatura alta (200 °C).

- Untar un molde rectangular con un poco de aceite de oliva.

- Extender la masa con cuidado con las manos y cubrir el molde.

- Verter la cebolla rehogada sobre la masa.

- Adornar sobre la cebolla con los filetes de anchoa y las olivas negras.

- Introducir la fuente en el horno 30 minutos a temperatura alta.

- Dejar reposar y, cuando el pastel esté templado, desmoldear y servir.

PATATAS A LA MALLORQUINA

Para 4 personas
Dificultad: baja
Tiempo: 55 minutos

Ingredientes:

1 kg de patatas de tamaño regular
200 g de sobrasada
30 g de queso rallado
2 1/2 dl de leche
25 g de harina
50 g de mantequilla
nuez moscada
sal
pimienta

Preparación:

- Lavar bien las patatas y, sin pelar, ponerlas en una olla al fuego con agua abundante y sal; dejar cocer unos 35 minutos, a partir de la ebullición (hasta que estén blandas); escurrir y pelar.

- Partirlas por la mitad a lo largo y con una cuchara especial, vaciar la parte del centro de cada media patata.

- En un bol, batir 25 g de mantequilla con la sobrasada, añadir los trozos de patata que hemos sacado, chafar con un tenedor y sazonar.

- Rellenar las medias patatas con esta preparación.

- Con los 25 g de mantequilla restantes, la harina y la leche, preparar una salsa, sazonar con sal, pimienta y nuez moscada, dejar cocer unos 10 minutos, removiendo con el batidor de mano y a fuego suave.

- Colocar las medias patatas en una fuente refractaria, cubrir con la salsa preparada, espolvorear con el queso rallado y gratinar en el grill del horno unos minutos.

- Servir caliente.

PIPIRRANA

Para 4 personas
Dificultad: baja
Tiempo: 35 minutos

Ingredientes:

200 g de bacalao
1 lechuga
1 pepino
2 ñoras frescas
3 ajos tiernos
2 tomates rojos y fuertes
1 dl de aceite
1 limón
sal
pimienta

Preparación:

- Pelar y cortar el pepino en rodajas.
- Cortar las ñoras en tiras largas.
- Asar los ajos tiernos al fuego, pelar y reservar.
- Deshilar el bacalao, después de haberle sacado piel y espinas, lavarlo en agua fría, varias veces, para que suelte la sal.
- Exprimirlo bien con las manos, para sacarle el agua.
- Lavar y escoger las hojas de lechuga, cortar en trozos pequeños.
- Lavar bien los tomates, trocearlos.
- En el almirez, machacar los ajos y diluirlos con el aceite.
- Poner todo en una fuente, salpimentar, rociar con el zumo de limón, mezclar el bacalao, echar por encima el majado del almirez y servir bien fresco.

PISTO AL HORNO CON ATÚN

Para 4 personas
Dificultad: baja
Tiempo: 45 minutos

Ingredientes:

250 g de pimientos rojos
250 g de pimientos verdes
250 g de berenjenas
250 g de tomates
125 g de atún en aceite
3 dientes de ajo
1 dl de aceite de oliva
sal

Preparación:

- Desmigar el atún y reservarlo.
- Pelar y picar muy finamente los dientes de ajo.
- Asar los pimientos, las berenjenas y los tomates en el horno durante 30 minutos, a temperatura moderada.
- Cuando estén asados, dejar que se entibien todos los ingredientes, pelarlos y trocearlos.
- Colocarlos en una fuente y sazonarlos con una pizca de sal.
- Añadir el ajo picado por encima, rociar con el aceite y servir.

Pipirrana

PISTO DE CALABACÍN Y CEBOLLA

Para 4 personas
Dificultad: baja
Tiempo: 55 minutos

Ingredientes:

1 1/4 kg de calabacines
350 g de cebollas
1 1/2 dl de aceite
1 cucharadita de orégano
sal

Preparación:

- Pelar y cortar la cebolla en rodajitas muy finas.
- Pelar y cortar los calabacines en daditos.
- Calentar el aceite en una cazuela de barro y freír la cebolla lentamente a fuego suave.
- Cuando la cebolla esté blanda, añadir el calabacín y remover con una cuchara de madera.
- Tapar la cazuela y cocer 30 minutos a fuego suave.
- Sazonar con sal y orégano, cocer 10 minutos más y servir.

PISTO O FRITANGA DE PIMIENTOS A LA ALICANTINA

Para 4 personas
Dificultad: media
Tiempo: 1 hora y 55 minutos

Ingredientes:

4 pimientos medianos rojos
200 g de atún salado
200 g de calabaza
300 g de cebollas
200 g de tomates maduros
1 berenjena mediana
1 1/2 dl de aceite
sal
pimienta

Preparación:

- Mondar la calabaza y cortar en dados medianos.
- Pelar las cebollas y picarlas finas.
- Escaldar y pelar los tomates, sacando las semillas y picarlos.
- Desalar el atún cambiando el agua varias veces, desmenuzarlo y apretar con las manos para escurrir.
- En una cazuela de barro al fuego con aceite, rehogar la cebolla; a media cocción, añadir los pimientos, limpios y troceados, la berenjena cortada en trocitos y los dados de calabaza.
- Dejar sofreír lentamente removiendo a menudo, dejar tapado.
- Incorporar el atún y los tomates, salpimentar y dejar cocer, removiendo con la espumadera.
- Cuando esté todo frito, mojar con un poco de agua para que hierva lentamente.
- Tiene que quedar el agua evaporada y todos los ingredientes quedarán en su justo punto, debe cocer 1 hora, aproximadamente, cuidando de remover a menudo para que no se pegue al fondo.
- Servir en una bandeja caliente o en la misma cazuela.

Pisto o fritanga de pimientos a la alicantina

SOPA AL TOMILLO

Para 4 personas
Dificultad: baja
Tiempo: 35 minutos

Ingredientes:

250 g de pan de hogaza
10 ramitas de tomillo
2 huevos
1 dl de aceite
sal

Preparación:

- Cortar el pan en rodajas finas.
- Calentar 1 l de agua en una cacerola.
- Sazonar el agua con sal y añadir las ramitas de tomillo y las rebanadas de pan de hogaza. Tapar la olla y dejar hervir 10 minutos a fuego moderado.
- Después, con unas varilla metálicas batir la sopa y, mientras tanto, verter el aceite lentamente. Tapar y cocer 15 minutos.
- Batir ligeramente los huevos en un bol.
- Sacar las ramitas de tomillo.
- Agregar los huevos, batir suavemente con las varillas para mezclarlos con la sopa y servir bien caliente.

SOPA BALEAR

Para 4 personas
Dificultad: baja
Tiempo: 45 minutos

Ingredientes:

200 g de carne de ternera picada
50 g de jamón del país, picado
2 cebollas medianas
1 dl de aceite de oliva
4 cucharadas de harina
100 g de tomate rallado
4 dientes de ajo
un poco de miga de pan, mojada en vino tinto
sal
perejil
pimienta

Preparación:

- En un cazo, con aceite caliente, sofreír las cebollas picadas.
- Cuando empiecen a ponerse transparentes, añadir el tomate que ya habremos rallado, dejar cocer un poco y rociar con un poco de agua; dejar hervir unos minutos y pasarlo todo por el colador chino.
- En una cazuela de barro con un poco de aceite, dorar 2 cucharadas de harina.
- Cuando esté tostada, añadir el sofrito anterior pasado por el chino, completar con 1 l de agua caliente.
- Salpimentar y dejar hervir 15 minutos.
- Mientras, en un cuenco, amasar la carne de ternera mezclada con el jamón, añadir los ajos y el perejil finamente picados, trabajar un poco; añadir la miga de pan remojada con vino, bien escurrida.
- Amalgamar bien todo hasta formar una masa, hacer con ella unas albóndigas pequeñas, pasarlas por harina y freír en aceite caliente hasta que estén doradas.
- Cuando hayan pasado los 15 minutos de hervir las sopas, comprobar el punto de sal.
- Servir las sopas calientes, acompañadas de las albondiguillas.

Sopa balear

SOPA MALLORQUINA

Para 4 personas
Dificultad: baja
Tiempo: 40 minutos

Ingredientes:

300 g de pan de payés
2 cebollas tiernas
2 tomates
500 g de col
250 g de alcachofas
1 manojo de espárragos
3 dientes de ajo
1 manojo de perejil
1 dl de aceite de oliva
1 1/2 l de agua
1 cucharada de pimentón
pimienta
sal

Preparación:

- En una cazuela de barro al fuego, rehogar las cebollas; antes de que tomen color, añadir los ajos y el perejil picados, los tomates pelados y cortados pequeños.
- Dejar rehogar un poco.
- Limpiar la col, lavarla y cortarla en trozos pequeños, añadir a la cazuela, darle unas vueltas, añadir los espárragos, pulidos y cortados también en trozos.
- Sacar las hojas duras a las alcachofas, pulir y cortar en cuartos.
- Añadir a las otras verduras.
- Salpimentar.
- Rehogar lentamente, hasta que esté bien dorado, poner el pimentón, remover y añadir rápidamente el agua caliente.
- Dejar cocer un poco, hasta que queden tiernas las verduras; sacarlas y reservar.
- En el caldo, poner las rebanadas de pan cortadas muy finas.
- El pan ha de quedar bien remojado, embebiéndose el caldo.
- Añadir otra vez las verduras a la cazuela, dejar unos minutos al fuego, tapado.
- En el momento de servir, rociar con aceite crudo por encima.

Sopa mallorquina

TALVILLAS CON ACELGAS

Para 4 personas
Dificultad: baja
Tiempo: 45 minutos

Ingredientes:

500 g de habas tiernas (talvillas)
500 g de acelgas
300 g de cebolla
1 dl de aceite
1 cucharada de orégano
sal
pimienta

Preparación:

- Pelar y cortar la cebolla en juliana.
- Lavar, escurrir y trocear las habas tiernas con vainas.
- Limpiar las acelgas bajo el chorro de agua del grifo, escurrirlas y trocearlas.
- Calentar medio litro de agua con sal en una cazuela hasta que hierva.
- Entonces, agregar las acelgas, las cebollas y las habas tiernas troceadas.
- Cocerlo todo durante 15 minutos a fuego moderado.
- Cuando los ingredientes estén tiernos, escurrir y reservar.
- Calentar el aceite en una sartén y verter la verdura cocida.
- Sazonar con sal, pimienta y orégano.
- Rehogar 10 minutos a fuego moderado y servir caliente.

TITAINA (PIMIENTO, TOMATE Y ATÚN)

Para 4 personas
Dificultad: baja
Tiempo: 50 minutos

Ingredientes:

4 dientes de ajo
50 g de piñones
200 g de «tonyina» en salmuera o atún en aceite
2 kg de tomates maduros
500 g de pimientos rojos
2 dl de aceite
1 cucharada de azúcar
sal y pimienta

Preparación:

- En una sartén al fuego, con un poco de aceite, rehogar los ajos picados, añadir los piñones, darles una vuelta a fuego muy lento.
- Antes de que tomen color, añadir la «tonyina» desmenuzada y removerlo todo con una espátula de madera durante unos segundos.
- Añadir los pimientos rojos, dejar rehogar un poco, adicionar los tomates pelados y cortados en dados, echar la cucharada de azúcar, dejar cocer lentamente, hasta que se evapore un poco el agua y empiece a verse un poco aceitoso.
- Salpimentar, dejar cocer 5 minutos más y servir. Está en su mejor punto hecho de un día para el otro.

Consejo práctico:

Si se hace con atún en aceite, en lugar de «tonyina», el atún se pone al final de la cocción.

Titaina (pimiento, tomate y atún)

TOMATES HORNEADOS

Para 4 personas
Dificultad: baja
Tiempo: 30 minutos

Ingredientes:

8 tomates grandes, rojos pero fuertes
un poco de miga de pan
4 dientes de ajo
1/2 dl de aceite de oliva
1 manojo de perejil
1 cebolla
sal
pimienta

Preparación:

- Lavar bien los tomates y partirlos por su parte más ancha, quitar las semillas y dejarlos un rato boca abajo.
- Picar finamente el ajo y el perejil, mezclar con la miga de pan y aceite, formar una pasta que servirá de relleno.
- Salpimentar.
- Rellenar los tomates con el preparado.
- Precalentar el horno, colocar los tomates en una fuente refractaria, rociar con aceite y poner al horno unos 20 minutos.
- Al sacarlos, espolvorear con perejil picado.
- Servir calientes.

TORTILLA DE AJOS TIERNOS

Para 4 personas
Dificultad: baja
Tiempo: 20 minutos

Ingredientes:

2 manojos de ajos tiernos
6 huevos
aceite
sal
pimienta

Preparación:

- Cortar las raíces de los ajos y pelarlos quitando la primera piel.
- Quitarles las puntas de abajo y cortarlos pequeños.
- En una sartén al fuego, calentar aceite y rehogarlos lentamente, añadiendo pequeñas cantidades de agua caliente, cuidando de que no se quemen.
- Cuando estén blandos, escurrir.
- Batir los huevos, mezclar los ajos, salpimentar y cuajar la tortilla en la sartén, dándole la vuelta y dorándola por ambos lados.
- Servir caliente.

Tortilla de ajos tiernos

TORTITAS DE ALUBIAS

Para 4 personas
Dificultad: media
Tiempo: 1 hora y 35 minutos (más 12 horas de remojo)

Ingredientes:

250 g de alubias
3 dientes de ajo
2 cebolletas
1/2 cebolla
1/2 litro de aceite
8 ramitas de cilantro fresco
8 ramitas de perejil
1 cucharadita de levadura
1 cucharadita de comino
pimienta de Cayena
sal
pimienta

Preparación:

- Poner las alubias en remojo con agua la noche antes de la preparación.
- Escurrir las alubias y pasarlas por la trituradora hasta obtener una crema ligera.
- Sazonar la crema con sal, pimienta, comino, levadura y una pizca de pimienta de Cayena; dejar reposar la pasta 1 hora.
- Mientras, pelar y picar la cebolla y las cebolletas.
- Picar muy finamente las ramitas de perejil y de cilantro.
- Mezclar los ingredientes picados con la pasta y, después del reposo, formar tortitas de 5 cm de diámetro y 0,5 cm de grosor.
- Calentar el aceite en una sartén honda y freír las tortitas hasta que estén doradas.
- Escurrirlas sobre papel de cocina y servir.

TREMPÓ MALLORQUÍN

Para 4 personas
Dificultad: baja
Tiempo: 10 minutos

Ingredientes:

3 tomates de ensalada
3 pimientos verdes
2 cebollas medianas
30 g de alcaparras
aceite de oliva
sal
vinagre (al gusto)

Preparación:

- Pelar las cebollas y cortarlas en gajos (si las ponemos un rato en la nevera evitaremos los «lloros».
- Lavar cuidadosamente los tomates y cortarlos en trozos regulares, no demasiado pequeños.
- Lavar los pimientos, quitar las semillas y cortarlos en aros.
- Colocarlo todo en una ensaladera y aderezarlo con sal, aceite y vinagre, según el gusto.
- Adornar por encima con las alcaparras.
- Servir fresco.

Tortitas de alubias

LA VARIEDAD DE
SABROSOS PESCADOS
Y MARISCOS QUE
PROPORCIONA
EL MEDITERRÁNEO
CONFORMA LA
EXQUISITEZ DE SUS
PLATOS. LA GRACIA DE
ESTOS PLATOS DE
PESCADO COMBINADOS
CON LOS ARROCES
Y ENSALADAS,
LA POLICROMÍA DE
GUISOS MARINOS,
CARACTERIZAN A LA
COCINA LEVANTINA
Y MALLORQUINA.

Albóndigas de bacalao de Cuaresma

Para 4 personas
Dificultad: media
Tiempo: 1 hora y 15 minutos (más 12 horas de remojo)

Ingredientes:

200 g de bacalao seco
600 g de patatas
6 hojas de lechuga
1 cebolla
1 huevo
2 dientes de ajo
2 1/2 dl de aceite
1 cucharada de piñones
1 cucharadita de pimentón
3 ramitas de perejil
sal

Preparación:

- Poner el bacalao en remojo con agua 12 horas antes de la preparación para desalarlo; escurrirlo y reservarlo.
- Calentar medio litro de agua en un cazo hondo y cocer 10 minutos el bacalao a fuego moderado; escurrirlo en un colador.
- Batir el huevo en un bol.
- Pelar y trocear las patatas.
- Picar las ramitas de perejil.
- Pelar y picar los dientes de ajo y la cebolla.
- Lavar las hojas de lechuga, escurrirlas bien y reservarlas.
- Cocer las patatas 20 minutos junto con el pescado, a fuego suave.
- Cuando el bacalao esté cocido, descamarlo y sacarle las espinas.

- Majar el bacalao en un mortero junto con las patatas hervidas, hasta obtener un puré homogéneo.
- Calentar en una sartén el aceite y freír la cebolla.
- Añadir los piñones y el pimentón, remover y verter sobre el puré.
- Mezclar bien la fritura con el puré; agregar el ajo y el perejil.
- Verter el huevo batido en la masa, sazonar con sal y remover.
- Calentar el aceite en una sartén amplia.
- Formar con las manos bolas del tamaño del diámetro de una cuchara y untarlas en harina.
- Freír las albóndigas en el aceite muy caliente; cuando estén doradas, escurrirlas en papel de cocina; colocarlas en una fuente.
- Adornar la fuente con las hojas de lechuga y servir.

Albóndigas de bacalao de Cuaresma

Arroz con sepia en su tinta

Para 4 personas
Dificultad: media
Tiempo: 1 hora y 15 minutos

Ingredientes:

450 g de sepia (con su tinta)
400 g de arroz
200 g de tomates maduros
200 g de cebolla
2 pimientos
3 dientes de ajo
2 1/2 dl de aceite
sal

Preparación:

- Limpiar y trocear las sepias; reservar las bolsitas de tinta.
- Pelar y picar los dientes de ajo, la cebolla y el tomate.
- Lavar los pimientos, quitarles las semillas y trocearlos.
- Calentar 1 l de agua en un cazo a fuego suave.
- Mientras, calentar el aceite en una cazuela de barro y freír la sepia.
- Agregar el pimiento y rehogar 5 minutos a fuego moderado.
- Cuando esté todo dorado, añadir la cebolla y después el ajo picado.
- Al cabo de 3 minutos, verter el tomate bien picado y dejar sofreír 5 minutos a fuego suave; remover.
- Verter el agua caliente en el sofrito y sazonar con sal.
- Tapar la cazuela y dejar cocer 30 minutos a fuego moderado.
- Diluir la tinta de las sepias en un bol con un poco de agua tibia y verterla en la cazuela; añadir el arroz y cocer durante 10 minutos a fuego medio y 10 minutos más a fuego suave; comprobar el punto de sal y servir caliente.

Arroz con sepia en su tinta

Atascaburras

Para 4 personas
Dificultad: baja
Tiempo: 1 hora

Ingredientes:

250 g de bacalao
3 patatas
3 dientes de ajo
3 yemas de huevo
1 huevo duro
nueces troceadas
aceite
perejil
sal

Preparación:

- Preparar 3 patatas cocidas al vapor, ponerlas en un mortero grande y aplastarlas con la mano del mortero, añadir el bacalao cortado en migas o en tiritas, machacar también, trabajarlo, añadir aceite poco a poco, chafar también el huevo duro, agregar las yemas de huevo de una en una trabajando cada vez.

- En otro mortero, picar bien los 3 dientes de ajo, un poco de perejil, verter en el otro mortero y mezclar bien, añadirle unas nueces troceadas, probar el punto de sal.

- Servir.

Bacalao al estilo de Pollensa

Para 4 personas
Dificultad: media
Tiempo: 50 minutos, más el tiempo de desalar el bacalao

Ingredientes:

400 g de bacalao seco de la parte delgada
1 cebolla grande
2 berenjenas grandes
1 diente de ajo
100 g de harina
1 huevo
2 1/2 dl de aceite
2 1/2 dl de leche
1 hoja de laurel
canela en polvo
sal
pimienta

Preparación:

- Desalar el bacalao cortado en trozos, en abundante agua, durante 24 horas, cambiando el agua 3 o 4 veces.

- Pelar las berenjenas, espolvorear con sal y colocar en una escurridera.

- Dejar unos 30 minutos, para que suelten el agua.

- Pasado ese tiempo, lavar, secar y enharinar.

- Freír en abundante aceite.

- Cuando se vaya a emplear el bacalao que está en remojo, lavar y hervir, cubierto de agua y con 1 hoja de laurel; dejar sólo 2 minutos al arrancar el hervor; enfriar, sacar las espinas sin estropear los trozos.

- Preparar una pasta poniendo en un bol la

harina, el huevo batido y sal; deshacer con leche fría, formando una pasta no demasiado clara.

- Pasar los trozos de bacalao por la pasta y freír en abundante aceite; dejar dorar.

- En el mismo aceite, freír la cebolla y el ajo picados hasta que empiecen a tomar color, salpimentar y aromatizar con un poco de canela en polvo.

- En una fuente refractaria que pueda llevarse a la mesa, colocar los trozos de bacalao fritos, cubrir con las berenjenas fritas, repartir el ajo y cebolla por encima y cubrir con la leche caliente.

- Precalentar el horno, a temperatura suave, introducir la fuente y dejar dorar.

- Debe quedar bien jugoso por dentro, aunque dorado superficialmente.

- Servir enseguida, en la misma fuente, ya que debe comerse caliente.

BACALAO AL HORNO

Para 4 personas
Dificultad: media
Tiempo: 35 minutos (más 1 día de remojo)

Ingredientes:

600 g de bacalao
300 g de harina
250 g de tomates maduros
3 dientes de ajo
2 dl de aceite de oliva
1 hoja de laurel
1 cucharada de pan rallado
1/2 cucharadita de pimentón
1/2 cucharadita de azúcar
3 ramitas de perejil
sal
pimienta

Preparación:

- Limpiar y trocear el bacalao; ponerlo el día antes de la preparación en remojo con agua.

- Picar el perejil muy fino y reservarlo.

- Escurrir el bacalao, secarlo y enharinarlo.

- Calentar el aceite en una sartén amplia y freír ligeramente el bacalao.

- Cuando esté dorado, quitarlo con una espumadera y colocarlo en una fuente para horno.

- Mientras, pelar y picar los dientes de ajo y los tomates.

- Calentar el horno a temperatura media.

- En el mismo aceite, freír la mitad del ajo picado.

- Cuando esté doradito, añadir el pimentón y remover inmediatamente con una cuchara de madera.

- Agregar la hoja de laurel y el tomate y dejar sofreír a fuego suave.

- Sazonar con sal y pimienta y la media cucharadita de azúcar.

- Verter el vino blanco y cocer 10 minutos a fuego muy suave.

- Cubrir el bacalao con el sofrito y espolvorear con el resto de ajo picado, el perejil y el pan rallado.

- Introducir la fuente en el horno durante 5 minutos y servir caliente.

CALAMARES RELLENOS MALLORQUINES

Para 4 personas
Dificultad: media
Tiempo: 1 hora y 5 minutos

Ingredientes:

4 calamares
150 g de harina
30 g de pasas
30 g de piñones
1 cebolla pequeña
3 dientes de ajo
1/2 dl de aceite
1 cucharada de manteca de cerdo
3 ramitas de perejil
sal

Para la salsa:

250 g de tomate
1 cebolla
3 dientes de ajo
1 dl de aceite
1 cucharadita de azúcar
sal

Preparación:

- Vaciar, limpiar y enharinar los calamares; reservarlos.
- Picar las patas de los calamares y reservar las bolsas.
- Pelar y picar muy finamente la cebolla y los dientes de ajo.
- En un mortero, machacar los piñones y el perejil.
- Calentar dos cucharadas de aceite y la manteca de cerdo en una cazuela y freír la cebolla y el ajo picados.

- Cuando estén doraditos, añadir las patas de calamar, las pasas, los piñones y el perejil picados.
- Sazonar con sal, tapar la cazuela y rehogar 5 minutos a fuego suave.
- Remover la mezcla de vez en cuando con una cuchara de madera.
- Rellenar los calamares con la mezcla y cerrarlos con un palillo.
- Mientras, preparar la salsa.
- Pelar y picar los dientes de ajo, el tomate y la cebolla.
- Calentar el resto de aceite en una sartén y freír los calamares rellenos.
- Cuando estén ligeramente dorados, escurrirlos y reservarlos en una cazuela de barro.
- En el mismo aceite, freír la cebolla y los ajos picados.
- Añadir el tomate, sazonar con sal y la cucharadita de azúcar; sofreír 5 minutos a fuego suave.
- Verter la salsa sobre los calamares.
- Tapar la cazuela y cocer 45 minutos a fuego suave.
- Comprobar el punto de sal, quitar los palillos y servir.

Calamares rellenos mallorquines

CALDERETA MALLORQUINA

Para 6 personas
Dificultad: alta
Tiempo: 1 hora

Ingredientes:

500 g de cabeza de rape
200 g de gambas
1 sardina fresca
1 anchoa salada
1 pescadilla de 200 g
30 g de jamón
30 g de sobrasada
50 g de almendras
25 g de piñones
500 g de tomates
2 cebollas
1/2 dl de brandy
1/2 dl de jerez
rebanadas de pan
aceite
sal
pimienta

Preparación:

- Preparar un caldo de pescado, poniendo a sofreír las gambas en un cazo.
- Cuando se hayan rehogado bien, retirar y pelar.
- En el mismo aceite, sofreír las cebollas cortadas finas.
- Cuando empiece a tomar color, añadir 200 g de tomates, bien lavados y cortados en trozos pequeños, agregar las cabezas de las gambas y las pieles, dorar un poco y poner la cabeza de rape, cortada en trozos.
- Cocer un poco todos los ingredientes.
- Mojar con 2 1/2 l de agua caliente, salpimentar y hervir; dejar cocer unos 30 minutos.
- Cuando esté listo, colar y reservar.
- Aparte, en una cazuela de barro, sofreír un poco de cebolla picada, añadir el jamón cortado pequeño y la sobrasada también, luego el resto de los tomates, aromatizar con el brandy y el jerez.
- Dejar evaporar un poco.
- Freír la sardina y la pescadilla; quitar las espinas.
- En el mortero, picar las almendras y los piñones.
- Añadir la sardina y la pescadilla desmenuzadas, y la anchoa (desalada).
- Cuando esté bien majado, verter en la cazuela de barro y remover.
- Cuando esté bien mezclado, verter todo este preparado en el cazo donde tenemos el caldo de pescado y dejar cocer unos 15 minutos.
- Servir en sopera bien caliente, y, en bandeja aparte, las rebanadas de pan tostado.

CALDO DE PESCADO CON PIMIENTOS

Para 4 personas
Dificultad: media
Tiempo: 1 hora y 5 minutos

Ingredientes:

500 g de sardinas
2 pimientos verdes
2 pimientos secos
2 tomates maduros
3 dientes de ajo
1 dl de aceite
1 cucharadita de pimentón
4 granos de pimienta
5 granos de comino
sal

Preparación:

- Primeramente quitar el centro de los dientes de ajo.
- Asar en una parrilla los pimientos verdes y los dientes de ajo.
- Limpiar el pescado, quitarle las espinas y sazonarlo con sal.
- Pelar el pimiento y el ajo asados y trocear el pimiento.
- Enseguida calentar 1 l de agua en una cazuela y escalfar los tomates y los pimientos secos.
- Cuando estén tiernos, retirar la cazuela del fuego y dejar templar.
- Añadir las sardinas, una pizca de sal y dejar cocer durante unos 15 minutos a fuego muy suave.
- Con ayuda de una espumadera, sacar los tomates y los pimientos, pelarlos y quitarles las semillas.
- Poner en un mortero el comino, los granos de pimienta y los dientes de ajo y machacar con una maza.
- Añadir el pimentón, los pimientos secos y los tomates y majar.
- Agregar el aceite muy lentamente y remover hasta formar una salsa ligera.
- Pasar la salsa por un colador chino sobre la cazuela.
- Añadir los pimientos asados y troceados, dejar que hierva la salsa a fuego suave y servir caliente.

CAZUELA DE ARROZ CON BONITO DE ALICANTE

Para 4 personas
Dificultad: media
Tiempo: 1 hora y 10 minutos

Ingredientes:

1 bonito entero de 1 kg
200 g de arroz
150 g de coliflor
1 manojo de ajos tiernos
1 pimiento rojo grande
1 pimiento verde grande
1 pimiento seco (ñora)
1 tomate
3 dientes de ajo
1 dl de aceite
azafrán
sal

Preparación:

- Pelar y rallar el tomate.
- Pelar y trocear los ajos tiernos.
- Pelar los dientes de ajo y reservarlos enteros.
- Limpiar el pescado y cortarlo en rodajas; reservar la cabeza.
- Lavar la coliflor, escurrirla y cortarla en ramitos.
- Lavar los pimientos, quitarles las semillas y cortarlos en tiras.
- Hervir 1 1/2 l de agua en una cazuela y cocer 10 minutos la cabeza del bonito.
- Mientras, calentar el aceite en una cazuela y freír ligeramente el pimiento seco.
- Poner la ñora en un mortero junto con los dientes de ajo y machacarlo todo; diluir con un poco de caldo y reservar.

- En el mismo aceite, freír las rodajas de bonito, escurrir y reservar.
- Freír las tiras de pimiento, los ajos tiernos, la coliflor y el tomate.
- Tapar la cazuela y dejar sofreír 10 minutos a fuego suave.
- Colar el caldo de la cocción de la cabeza y añadirlo al sofrito.
- Agregar el majado del mortero a la cazuela, sazonar con sal, remover y cocer 10 minutos.
- Agregar el arroz y las rodajas de bonito, cocer 15 minutos a fuego moderado y servir muy caliente.

Cazuela de arroz con bonito de Alicante

CIGALAS AL AZAFRÁN ASADAS EN BROCHETA

Para 5 personas
Dificultad: media
Tiempo: 40 minutos, más 2 horas de adobo

Ingredientes:

15 cigalas grandes
3 g de azafrán
1 dl de aceite de oliva
100 g de mantequilla
250 g de arroz
250 g de setas frescas
1 cebolla
2 hojas de laurel
tomillo
1 ramito de perejil
5 brochetas
pimienta y sal

Preparación:

- Quitar el caparazón a las cigalas, conservar sólo las colas.

- En un bol, poner las colas de cigalas, salpimentarlas, agregar las hojas de laurel, el perejil, el tomillo, un poco de azafrán y rociar con un poco de aceite y dejar en adobo unas 2 horas.

- En una cacerola al fuego, poner el resto de aceite, sofreír la cebolla cortada fina, añadir el arroz remover con una cuchara de madera, aromatizar con el resto de azafrán, remover.

- Cuando los granos de arroz empiecen a perder su transparencia, bañar con el doble del volumen del arroz de agua caliente, salpimentar, tapar, dejar cocer suavemente 16 minutos exactos, sin destapar bajo ningún pretexto.

- Encender el grill del horno.

- Lavar las setas (champiñones), utilizar sólo los sombreritos (guardar los pies para otra receta).

- Coger las brochetas y ensartar en cada una, alternativamente, 1 cigala, 1 sombrerito de seta; a razón de 3 cigalas por brocheta.

- Llevar al horno y dejar asar unos 4 minutos de cada lado.

- Extender el arroz en una fuente de servir, rociar con la mantequilla derretida, poner las brochetas encima, espolvorear con perejil picado.

- Servir rápidamente.

Cigalas al azafrán asadas en brocheta

COCA DE ATÚN

Para 4 personas
Dificultad: alta
Tiempo: 1 hora y 35 minutos (más 12 horas de remojo)

Ingredientes:

1 kg de cebolla
125 g de atún
30 g de piñones
1 tomate
1 1/2 dl de aceite
3 ramitas de perejil
sal

Para la masa:

500 g de harina
125 g de manteca de cerdo
1 huevo
1 dl de aceite
1 copita de anís
sal

Preparación:

- Poner el atún en remojo con agua 12 horas antes de la preparación; escurrirlo y desmigarlo.
- Pelar y picar la cebolla.
- Pelar y rallar el tomate.
- Calentar 1 1/2 dl de aceite de oliva en una sartén amplia y freír la cebolla hasta que tome color.
- Añadir el tomate rallado, tapar la sartén y sofreír.
- Al cabo de 10 minutos, agregar el atún, los piñones y el perejil y sofreír 5 minutos más a fuego suave.
- Retirar el sofrito del fuego y reservar.

- Mientras tanto, preparar la masa, colocar la harina sobre el mármol o una superficie plana y hacer un hueco en el centro.
- Hervir 1 dl de aceite de oliva en un cazo.
- Poner la manteca de cerdo en trozos en el hueco y mezclar con las manos hasta tomar consistencia.
- Colocar la masa en un recipiente, verter el aceite, sazonar con sal y trabajar la masa con un cuchara de madera.
- Añadir el anís y amasar hasta obtener una masa homogénea.
- Extender la masa con un rodillo con 1 cm de grosor.
- Cortar la pasta por la mitad de forma rectangular y colocarla en la base del molde.
- Repartir el relleno por toda la pasta, cubrir con el resto de la masa y pegar los bordes de la base y la tapa con los dedos.
- Calentar el horno durante 10 minutos a temperatura alta.
- Batir los huevos en un recipiente y con un pincel fino pintar la superficie de la torta.
- Introducir el molde en el horno 30 minutos a temperatura baja y servir.

COCA DE VALENCIA

Para 4 personas
Dificultad: media
Tiempo: 55 minutos

Ingredientes:

1 1/2 kg de tomates maduros
500 g de pimientos
200 g de atún en aceite
50 g de piñones
1 1/2 dl de aceite

1 cucharada de azúcar

sal

Para la masa:

300 g de harina

1 dl de aceite

1/2 vasito de vino blanco

3 cucharadas de jerez

sal

Preparación:

- Poner en un recipiente amplio todos los ingredientes de la masa y trabajarlos con las manos hasta que la masa se despegue de las paredes del recipiente; dejar reposar.
- Trocear el atún en aceite y reservarlo.
- Pelar y picar los tomates.
- Lavar y trocear los pimientos.
- Calentar 1 1/2 dl de aceite y tostar los piñones con el fuego suave, escurrirlos y reservarlos.
- En el mismo aceite, freír los trocitos de atún, escurrirlos y reservarlos junto con los piñones.
- A continuación, freír los pimientos hasta que estén dorados, entonces añadir el tomate y dejar sofreír 15 minutos a fuego muy suave.
- Espolvorear con un poco de sal y la cucharada de azúcar.
- Añadir los piñones y el atún al sofrito.
- Mezclar bien con una cuchara de madera y cocerlo todo 5 minutos más.
- Forrar con papel de aluminio una bandeja y untarlo con aceite.
- Estirar la masa con un rodillo unos centímetros hasta cubrir la bandeja con el papel de aluminio.

- Extender el relleno sobre la masa e introducirla en el horno 30 minutos a 180 °C de temperatura.
- Cuando la masa esté dorada, retirarla del horno y servir.

COQUINAS GUISADAS

Para 4 personas
Dificultad: baja
Tiempo: 45 minutos (más 30 minutos de remojo)

Ingredientes:

500 g de coquinas (tellinas)

300 g de tomates maduros

200 g de cebolla

1 1/2 dientes de ajo

1 dl de aceite

sal

Preparación:

- Poner las coquinas en un recipiente cubiertas con agua 30 minutos antes de la preparación para que suelten la arena.
- Pelar y picar los dientes de ajo, las cebollas y los tomates.
- Quitar las coquinas con cuidado del recipiente y colocarlas en una cazuela de barro.
- Calentar el aceite en una sartén y freír el ajo picado. Añadir la cebolla y, cuando esté transparente, agregar el tomate rallado.
- Sazonar con sal y dejar sofreír 10 minutos a fuego moderado. Verter el sofrito sobre las coquinas; tapar la cazuela y cocer a fuego suave hasta que se abran todas.
- Comprobar el punto de sal y servir calientes.

DORADA A LA SAL

Para 4 personas
Dificultad: baja
Tiempo: 1 hora

Ingredientes:

1 dorada de 1 1/4 kg, aproximadamente
1 kg de sal gruesa
2 1/2 dl de salsa «allioli»

Preparación:

- Lavar el pescado sin quitarle las vísceras ni las escamas.
- Cubrir el fondo de una bandeja con sal gruesa, mojar un poco.
- Colocar encima de la sal la dorada, cubrir con el resto de sal gruesa.
- Precalentar el horno, introducir la bandeja durante unos 30 minutos hasta que la sal empiece a resquebrajarse.
- Retirar la caparazón de sal; al retirarla seguirá la piel de la dorada.
- Servir inmediatamente, acompañada de salsa «allioli» en salsera aparte.

Consejo práctico:

Esta manera de preparar la dorada admite muchas salsas de acompañamiento.

DORADOS A LAS FINAS HIERBAS

Para 4 personas
Dificultad: baja
Tiempo: 40 minutos

Ingredientes:

1 kg de dorados
1/2 dl de aceite de oliva
1 vaso de vino tinto
6 granos de pimienta
1 ramita de romero
1 ramita de perejil
sal

Preparación:

- Limpiar bien el pescado, quitarle las espinas y trocearlo.
- Envolver el romero, el perejil y los granos de pimienta en una gasa.
- Calentar 3 cucharadas de aceite en una cazuela amplia y freír ligeramente el pescado a fuego suave.
- Agregar el saquito de hierbas y medio vaso de agua.
- Dejar cocer 5 minutos y añadir el vino.
- Cocerlo todo 20 minutos a fuego suave, dejar reposar y servir caliente.

Dorada a la sal

ENSALADA DE BACALAO Y ESCAROLA

Para 4 personas
Dificultad: alta
Tiempo: 1 hora y 35 minutos (más el tiempo de remojo)

Ingredientes:

2 escarolas
300 g de bacalao
200 g de atún
18 filetes de anchoa
30 g de aceitunas negras (arbequinas)

Para la salsa:

30 almendras tostadas
2 dientes de ajo
3 ñoras (pimientos secos)
2 1/2 dl de aceite
1 cucharada de vinagre
sal

Preparación:

- Desmenuzar el bacalao y ponerlo en remojo con agua 6 horas antes de la preparación; escurrir y reservar en un bol.

- Limpiar el atún, desmigarlo y reservarlo en un bol.

- Poner las anchoas 30 minutos en remojo con agua; después, lavarlas, quitarles las espinas y cortarlas en filetes; reservarlas en un plato.

- Calentar un cazo con agua y añadir las ñoras; cuando hierva el agua, retirar el cazo del fuego.

- Mientras, pelar los dientes de ajo.

- Lavar la escarola, escurrirla y trocearla.

- Colocar la miga de pan en un bol y empaparla con el vinagre.

- Raspar el interior de las ñoras con cuidado y reservar la pulpa.

- En un mortero, machacar los dientes de ajo con una pizca de sal.

- Agregar las almendras y cuando estén bien machacadas con el ajo, añadir la pulpa reservada.

- Moler y remover hasta formar una pasta homogénea y añadir la miga de pan mojada en vinagre.

- Remover constantemente y, mientras, verter el aceite muy lentamente hasta obtener una salsa consistente.

- Poner la escarola en una ensaladera, verter un poco de salsa y mezclar.

- Repartir el bacalao, el atún y algunos filetes de anchoa en cada plato, acompañar con la escarola, el resto de salsa en una salsera y servir.

Ensalada de bacalao y escarola

ESPENCAT (ENSALADA)

Para 4 personas
Dificultad: baja
Tiempo: 45 minutos

Ingredientes:

200 g de bacalao seco
4 berenjenas grandes
4 pimientos rojos
2 huevos
25 g de piñones
2 tomates de ensalada
aceite de oliva
sal
pimienta

Preparación:

- Asar al horno los pimientos y las berenjenas unos 30 minutos.
- Cuando estén, envolver con papel, dejar enfriar y pelar.
- Cortarlos en tiritas, colocarlos en una fuente que pueda ir a la mesa, sazonar con sal y pimienta.
- Mientras hervir los huevos unos 12 minutos, enfriar y pelar.
- En la fuente, añadir los tomates, bien lavados y cortados en gajos.
- Desmenuzar el bacalao, lavar para sacar un poco la sal y repartir por encima de la ensalada.
- Esparcir los piñones sobre el bacalao.
- Aliñar con sal y aceite de oliva, y adornar con los huevos duros cortados pequeños por encima.
- Servir frío.

ESTOFADO DE CONGRIO

Para 4 personas
Dificultad: media
Tiempo: 1 hora

Ingredientes:

1 kg de congrio
4 cebollas
1 diente de ajo
1 dl de aceite
2 dl de vino blanco seco
2 dl de agua
1 cucharada de vinagre
1 ramillete de hierbas aromáticas (laurel, perejil, tomillo)
1 clavo de especia
sal y pimienta

Preparación:

- Cortar el congrio en 4 trozos (de la parte ancha sin espinas).
- Saltear los trozos de congrio en aceite, dejar dorar por ambos lados, sacar y reservar.
- En el mismo aceite, poner la cebolla, picada pequeña y el ajo picado, rehogar a fuego lento, rociar con el vino y evaporar.
- Bañar con el agua y añadir el ramito de hierbas, el clavo y la cucharada de vinagre; salpimentar.
- Incorporar otra vez el congrio a la salteadora, dejar cocer a fuego lento y agregar un poco de pimienta.
- Cuando el congrio esté cocido, colocar los trozos en una fuente de servir, previamente calentada.
- Rociar el pescado con la salsa de cocción y espolvorear con perejil picado.
- Servir bien caliente.

Espencat (ensalada)

Frutos de mar con salsa mallorquina

Para 6 personas
Dificultad: alta
Tiempo: 1 hora y 20 minutos

Ingredientes:

12 vieiras
24 gambas grandes
24 almejas
24 mejillones grandes
1 dl de aceite de oliva
700 g de tomates maduros
300 g de cebollas
1 manojo de perejil
4 dientes de ajo
50 g de almendras en polvo
50 g de piñones
1 cucharada de pimentón
1 pizca de pimienta de Cayena
sal
pimienta

Preparación:

- Lavar cuidadosamente las almejas, raspar y lavar bien los mejillones.
- Ponerlos en una cazuela, tapar y dejar abrir al vapor, escurrir y reservar el jugo que suelten, colado con un colador fino.
- Abrir las vieiras con un cuchillo, cuidadosamente, pasándolo entre las 2 valvas, sacar la vieira y el coral; reservar.
- Pelar y cortar pequeñas las cebollas.
- Poner una cazuela al fuego y calentar el aceite, rehogarlas; dejar dorar un poco.
- Escaldar y pelar los tomates, sacar las semillas, picar y añadir a la cazuela, tapar y dejar cocer lentamente 15 minutos,

remover de vez en cuando con la cuchara de madera.
- En el mortero, picar los ajos pelados, el perejil y los piñones.
- En un bol, mezclar lo majado del mortero, las almendras en polvo, el pimentón, la pimienta de Cayena, trabajar bien hasta obtener una pasta homogénea.
- Cuando lo de la cazuela esté bien rehogado, echar el jugo que hemos reservado de los mejillones.
- Añadir las vieiras y las gambas a la cazuela, dejar cocer 10 minutos a fuego lento.
- Salpimentar.
- Sacar las vieiras y las gambas, escurridas.
- Pasar la salsa por el colador chino, volver a poner la cazuela al fuego, mezclarle la salsa preparada con las almendras.
- Añadir a la cazuela las vieiras, las gambas y luego los mejillones y las almejas.
- Sacar una valva de las almejas y de los mejillones.
- Dejar espesar removiendo con la cuchara de madera.
- Calentar una fuente de servir que sea honda y verter todo lo de la cazuela en ella.
- Presentar a la mesa bien caliente.

GAZPACHO DE MERO

Para 6 personas
Dificultad: media
Tiempo: 1 hora y 15 minutos

Ingredientes:

1 cabeza de mero
1 kg de mero limpio y pulido
1 kg de cebollas
1 kg de tomates maduros
6 dientes de ajo
1 hoja de laurel
2 dl de aceite
250 g de pan en rebanadas

Picada:

4 ñoras
2 dientes de ajo
100 g de avellanas tostadas
sal
pimienta

Preparación:

- Remojar las ñoras durante unas 2 horas en agua tibia, sin semillas.
- En una cacerola con 1 dl de aceite freír 2 dientes de ajo fileteados.
- Cuando empiecen a tomar color, añadir la mitad de las cebollas cortadas a la pluma; dejarlas dorar un poco.
- Añadir 500 g de tomates cortados en trozos pequeños.
- Rehogar unos 5 minutos, salpimentar, poner 1 hoja de laurel.
- Añadir la cabeza de mero en trozos, rehogar y añadir 2 l de agua, dejar hervir 30 minutos, pasar por el colador chino, reservar.

Picada:

- Freír las ñoras, pasar al mortero, picar las avellanas tostadas, 2 dientes de ajo y sal, picar finamente.
- En el mismo aceite de freír las ñoras, poner 2 dientes de ajo picados.
- Cuando empiecen a tomar color, añadir el resto de las cebollas cortadas finas; se rehogan a fuego muy lento unos 5 minutos.
- Pasado ese tiempo, incorporar el mero limpio y pulido, cortado en trozos pequeños, y añadir las mollas que se puedan sacar de la cabeza hervida.
- Rehogar otros 5 minutos, añadir el caldo, la picada; dejar cocer 10 minutos más y añadir las rebanadas de pan desmenuzadas, dejándolo cocer otros 10 minutos.
- Debe quedar un poco espeso.
- Servir bien caliente.

Guiso de pescado

Para 4 personas
Dificultad: baja
Tiempo: 55 minutos

Ingredientes:

1 kg de pescado variado
250 g de patatas
45 g de piñones
2 tomates
1 cebolla
3 dientes de ajo
1 1/2 dl de aceite de oliva
3 ramitas de perejil
1/2 guindilla
sal y pimienta

Preparación:

- Limpiar el pescado, quitarle las espinas y trocearlo; sazonar los trozos con sal y pimienta.

- Pelar y trocear los tomates y la cebolla; pelar y cortar los dientes de ajo en láminas; picar las ramitas de perejil y la guindilla.

- Pelar, lavar y cortar las patatas en rodajas; calentar 0,5 dl de aceite en una cazuela de barro y colocar las rodajas de patatas.

- Agregar los trozos de pescado bien repartidos por la cazuela y freírlos ligeramente; añadir la cebolla, el tomate y los ajos; rehogar 5 minutos a fuego suave; incorporar los piñones, el perejil picado y la guindilla.

- Bañar con el resto del aceite y dos vasitos de agua y sazonar con sal.

- Cocer 30 minutos a fuego suave, hasta que el pescado y las patatas estén tiernos, y servir caliente.

Langostinos al ajo

Para 4 personas
Dificultad: baja
Tiempo: 20 minutos

Ingredientes:

600 g de langostinos
1 cebolla
6 dientes de ajo
1/2 dl de vino blanco seco
un buen ramillete de perejil
sal
pimienta

Preparación:

- En una cazuela de barro con aceite de oliva, rehogar la cebolla cortada finamente.

- Cuando empiece a tomar color, poner unas cuantas ramitas de perejil picado.

- Antes de que se dore la cebolla, añadir los langostinos y rehogar hasta que cambien de color (toman un color rosado).

- Machacar los ajos en el mortero y desleír con un poco de vino blanco seco.

- Añadir a la cazuela, mezclar bien y salpimentar.

- Dar unos hervores fuertes, sacar y servir en la misma cazuela bien caliente.

Guiso de pescado

Llampugas con pimientos

Para 6 personas
Dificultad: baja
Tiempo: 45 minutos

Ingredientes:

1,200 kg de llampugas (dorados)
2 kg de pimientos rojos
1 cabeza de ajos
3 dl de aceite
100 g de harina
perejil
sal
pimienta

Preparación:

- Limpiar el pescado, salpimentar y enharinar.

- En una sartén, calentar el aceite y freír el pescado, bien dorado.

- Pasarlo a una cazuela de barro plana.

- En el mismo aceite, colado, rehogar los pimientos lavados y cortados en trozos irregulares, quitándoles las semillas.

- Añadir los ajos separados de la cabeza y habiéndoles hecho un corte a cada uno.

- Tapar y cocer lentamente para que queden blandos.

- Cuando estén en su punto, añadir un puñado de perejil picado, dejar cocer un momento y verter sobre el pescado.

- Dejar descansar por lo menos 1 hora y tomarlo a temperatura ambiente, es cuando está más sabroso.

Lubina con patatas

Para 6 personas
Dificultad: baja
Tiempo: 40 minutos

Ingredientes:

1 lubina de 1 1/2 kg
3 dl de aceite
4 dl de agua
500 g de patatas pequeñas
1 cucharada de harina
3 cucharadas de pimentón rojo
sal
pimienta

Picada:

2 guindillas
1 cabeza de ajos

Preparación:

- Picar en el mortero las guindillas y los ajos con un poco de sal, hasta hacer una pasta.

- Calentar el aceite en una cazuela de barro y verter en él la picada preparada, sin dejar de remover, agregar la harina, dejar dorar un poco, añadir el pimentón, mezclar rápidamente y rociar con el agua.

- Llevar a ebullición y echar las patatas peladas.

- Cortar la lubina en rodajas, salpimentar y enharinar.

- Cuando las patatas estén casi cocidas, añadir las rodajas de lubina, dejar cocer 5 minutos removiendo la cazuela, en vaivén, para que no se rompa el pescado.

- La salsa no debe cubrir del todo las rodajas de lubina.

- Servir en la misma cazuela.

Lubina con patatas

Mejillones al jerez

Para 4 personas
Dificultad: media
Tiempo: 40 minutos

Ingredientes:

1 kg de mejillones
50 g de mantequilla
1 1/2 cebolla
1 diente de ajo
1/2 dl de aceite
1 vaso de jerez
2 1/2 cucharadas de pan rallado
1 ramita de perejil
1 hoja de laurel
sal
pimienta en grano

Preparación:

- Picar la ramita de perejil.
- Pelar y picar el diente de ajo y una cebolla muy finos.
- Poner los mejillones 15 minutos en remojo con agua y sal para que suelten la arena.
- Cocerlos en una olla con un poco de agua, el laurel y la media cebolla restante.
- Mientras tanto, calentar la mantequilla y el aceite de oliva en una cazuela de barro y freír la cebolla y el ajo picados.
- Cuando tomen color, añadir el perejil, la pimienta, el jerez, medio vasito del caldo de la cocción de los mejillones y el pan rallado.
- Removerlo todo con una cuchara de madera y dejar cocer a fuego suave.
- Escurrir los mejillones y agregarlos a la cazuela.
- Hervir la salsa y servir bien caliente.

Pescaíto frito

Para 4 personas
Dificultad: media
Tiempo: 40 minutos

Ingredientes:

500 g de boquerones
500 g de pescadilla pequeña
250 g de salmonetes pequeños
250 g de calamares pequeños
250 g de chanquetes
250 g de chopitos
350 g de harina
1 limón
6 dl de aceite
sal

Preparación:

- Cortar el limón en rodajas.
- Limpiar bien todo el pescado y salarlo.
- Calentar el aceite en una sartén amplia.
- Enharinar todo el pescado.
- Hacer grupos de 5 pescados y unirlos por la cola.
- Cuando el aceite esté muy caliente, freír el pescado.
- Sacarlos de la sartén con una espumadera, escurrirlos sobre papel.
- Colocar cada tipo de pescaíto en un plato.
- Adornar cada plato con las rodajas de limón y servir.

Pescaíto frito

Rape con chocolate

Para 4 personas
Dificultad: media
Tiempo: 45 minutos

Ingredientes:

1 kg de rape
250 g de harina
50 g de chocolate rallado
1 cebolla
3 dientes de ajo
2 dl de aceite
1 cucharada de vinagre
1/2 pastilla de caldo de pescado
1 ramita de perejil
1 hoja de laurel
sal
pimienta

Preparación:

- Picar la ramita de perejil y reservarla.
- Pelar y picar la cebolla.
- Limpiar bien el rape, descamarlo y quitarle las espinas.
- Cortar el pescado en filetes, salarlos y enharinarlos.
- Calentar el aceite en una sartén y freír los filetes; escurrirlos y colocarlos en una cazuela de barro.
- Añadir la cebolla picada, los dientes de ajo, la hoja de laurel, el chocolate rallado y el aceite de la fritura del pescado.
- Verter un cucharón de agua y desmenuzar la media pastilla de caldo.
- Tapar la cazuela y cocer durante unos 30 minutos a fuego suave.
- Espolvorear con el perejil picado y servir caliente.

Salmonetes al horno

Para 4 personas
Dificultad: baja
Tiempo: 1 hora

Ingredientes:

4 salmonetes grandes de ración
4 patatas
4 cebollas
50 g de piñones
1 1/2 dl de aceite
zumo de 1 limón
un ramito de perejil
sal
pimienta

Preparación:

- Limpiar bien el pescado, escamar y lavar; aliñar con un poco de sal y pimienta.
- Precalentar el horno a unos 160 °C.
- Untar con aceite una fuente refractaria al calor y llenar el fondo con una capa de cebollas peladas y cortadas en rodajas finas; luego, una capa de patatas cortadas en rodajas finas y otra de cebollas.
- Encima de la última de estas capas, colocar los salmonetes cuidadosa y ordenadamente.
- Esparcir por encima los piñones pelados y enteros y el perejil, finamente picado.
- Rociar con el zumo de limón y el aceite.
- Llevar al horno unos 40 minutos, y servir en la misma fuente caliente.

Salmonetes al horno

SALMONETES PRIMAVERALES

Para 4 personas
Dificultad: baja
Tiempo: 40 minutos

Ingredientes:

8 salmonetes medianos
1 rama de apio
1 tomate maduro
1 cebolla
1 zanahoria
2 dl de vino blanco
3 tomates de ensalada
2 endibias
1 limón
tomillo
perejil
laurel
hinojo
pimienta y sal

Preparación:

- Con las hierbas aromáticas formar tantos ramitos como salmonetes haya.
- Limpiar, escamar y lavar bien los salmonetes. Rociar con limón.
- Salpimentar, introducir un ramito de hierbas aromáticas en el interior de cada uno.
- Preparar un caldo corto con 1 l de agua, el apio, tomate, zanahoria, cebolla y el vino blanco. Dejar hervir unos 30 minutos.
- En los últimos 5, añadir un chorro de aceite e introducir los salmonetes, dejando hervir muy suavemente, para que no se rompa su delicada piel.
- Cuando estén listos, escurrir y servir en una bandeja rodeados de las endibias cortadas en tiras y de rodajas de tomate.
- Aliñar con aceite, sal y zumo de limón.

SOPA DE PESCADO CON PATATAS

Para 4 personas
Dificultad: baja
Tiempo: 45 minutos

Ingredientes:

500 g de merluza
1 patata grande
1 tomate maduro
1 pimiento
1 cebolla
1/2 limón
1 1/2 diente de ajo
1/2 dl de aceite de oliva
1 ramita de perejil
sal

Preparación:

- Pelar los dientes de ajo.
- Exprimir el zumo del medio limón.
- Pelar y cortar la patata en rodajas.
- Lavar el tomate y el pimiento y pelar la cebolla.
- Cortar el tomate y la cebolla en cascos y trocear el pimiento.
- Limpiar bien el pescado, descamarlo y quitarle las espinas; trocearlo.
- Hervir 1 1/2 l de agua en una cazuela con un chorro de aceite y agregar las rodajas de patatas, el tomate, el pimiento, la cebolla y el perejil.
- Sazonar con sal, tapar la cazuela y cocer 30 minutos a fuego moderado.
- Cuando esté todo tierno, cocer 10 minutos a fuego suave.
- Comprobar el punto de sal, verter el zumo de limón y servir caliente.

Sopa de pescado con patatas

Zarzuela de pescado

Para 4 personas
Dificultad: alta
Tiempo: 1 hora y 15 minutos

Ingredientes:

450 g de calamares
350 g de rape
350 g de mero o dorada
350 g de pescadilla gorda (o merluza)
300 g de harina
16 mejillones
4 gambas gordas
4 cigalas
3 tomates
1 cebolla
1 1/2 diente de ajo
2 dl de aceite
2 vasos de caldo de pescado
1 vasito de vino blanco
1 copita de brandy
6 almendras
2 galletas María
3 ramitas de perejil
sal y pimienta

Preparación:

- Poner los mejillones 15 minutos en remojo con agua y sal; después, cocerlos al vapor hasta que se abran; escurrirlos y reservar un vaso del caldo de la cocción.
- Poner a calentar el caldo de pescado.
- Limpiar el rape, el mero y la pescadilla.
- Cortar el pescado en rodajas de 100 g cada una y salar. Lavar las cigalas y las gambas; escurrirlas y reservarlas.
- Limpiar los calamares y cortarlos en anillos delgaditos.
- Salpimentar el pescado y los calamares; enharinarlos.
- Picar la mitad del perejil.
- Pelar y triturar el tomate.
- Pelar y picar los dientes de ajo y la cebolla.
- Calentar el aceite en una sartén y tostar las almendras.
- Cuando estén tostadas, escurrir y reservar en un mortero.
- En el mismo aceite, freír las gambas y las cigalas, escurrir y colocar en una cazuela de barro.
- Freír los anillos de calamares y el resto de pescado, escurrir y poner todo en la cazuela.
- Colar el aceite, calentarlo en la misma sartén y freír la cebolla.
- Cuando tome color, agregar el tomate triturado, el vino blanco, el brandy y dejar sofreír a fuego fuerte.
- Verter el caldo reservado y sazonar con sal.
- Dejar hervir 3 minutos y agregarlo a la cazuela con el pescado y el marisco; cocer a fuego suave.
- Mientras, machacar en el mortero las almendras, el resto del perejil, los dientes de ajo y las galletas hasta obtener una pasta fina.
- Diluir la pasta con un poco de caldo de la cocción y verter el majado sobre el pescado.
- Tapar la cazuela y cocer 10 minutos a fuego suave y después 5 minutos en el horno a temperatura alta.
- Adornar con el resto del perejil y servir muy caliente.

Zarzuela de pescado

LAS CARNES SON PROTAGONISTAS EN CELEBRACIONES TRADICIONALES. LOS ASADOS, LOS EMBUTIDOS QUE CON ELLA SE PREPARAN, LOS PASTELES DE CARNE, EL GUSTO DE MEZCLAR LA CARNE CON FRUTAS, LO DULCE CON LO SALADO, ES SIN DUDA ALGUNA MUY TÍPICO DEL MEDITERRÁNEO. PUEDEN DESTACARSE EL «ALPARAGATE» Y LA CARNE CON SALSA DE GRANADA DE VALENCIA, ASÍ COMO LA GREIXONERA DE PATAS DE CERDO MALLORQUINA.

ALPARAGATE VALENCIANO

Para 4 personas
Dificultad: baja
Tiempo: 1 hora

Ingredientes:

750 g de carne de ternera
150 g de jamón
50 g de pan rallado
4 huevos
1 1/4 dl de aceite
250 g de cebollas
2 dl de vino
1 diente de ajo
perejil
1 dl de caldo de carne
canela en polvo
laurel
sal y pimienta

Preparación:

- Picar minuciosamente la carne de ternera junto con el jamón, dejándolo todo muy menudo, añadir 1 diente de ajo y unas ramitas de perejil, añadir el pan rallado, trabajarlo todo con un tenedor, salpimentar y añadir las yemas de los huevos batidas.
- Reservar las claras.
- Amasar bien.
- Poner una sartén al fuego con el aceite.
- Cuando esté caliente, poner la carne amasada, freír ligeramente.
- Es necesario que todos los ingredientes formen una masa muy unida y apretada.
- Cuando esté frita, darle forma de suela de alpargata, rebozar con las claras de huevos batidas y volver a freír procurando que conserve la forma.

- Dejar dorar bien y escurrir encima de un papel absorbente.
- En la misma sartén y en el mismo aceite, rehogar las cebollas bien picadas, volver a poner la carne, rociar con un poco de caldo, el vino blanco, un poquito de canela en polvo y 1 hoja de laurel, dejar cocer lentamente unos 15 minutos, hasta que se forme en la sartén una salsa fina y clara.
- Servir caliente.

BUTIFARRA DULCE

Para 4 personas
Dificultad: baja
Tiempo: 25 minutos

Ingredientes:

4 butifarras dulces
4 rebanadas de pan
1/2 dl de aceite
1 vasito de moscatel
1 corteza de limón
1 ramita de canela
sal

Preparación:

- Pinchar con un tenedor las butifarras.
- Ponerlas en una cazuela y cubrirlas con un poco de agua. Agregar la ramita de canela, la corteza de limón y el azúcar.
- Rociarlas con el moscatel y cocer a fuego muy suave, hasta obtener un almíbar con la salsa.
- Calentar el aceite en una sartén y freír las rebanadas de pan.
- Untar las rebanadas en el almíbar.
- Colocar las butifarras sobre el pan y servir.

Alparagate valenciano

CARNE CON SALSA DE GRANADA

Para 4 personas
Dificultad: baja
Tiempo: 1 hora y 20 minutos

Ingredientes:

1 kg de redondo de ternera
2 cebollas
2 tomates maduros
1 granada
50 g de manteca de cerdo
4 dl de caldo
sal y pimienta

Preparación:

- En una cazuela de barro, derretir la manteca de cerdo, poner el redondo y dejar dorar por todos lados.
- Salpimentar.
- Sacar los ingredientes de la cazuela y reservarlos.
- En la misma grasa, rehogar la cebolla picada fina.
- Antes de que tome color, añadir los tomates pelados y sin semillas, dejar evaporar un poco el agua.
- Mientras, pelar la granada, sacar la piel amarillenta cuidadosamente y desgranarla.
- Cuando estén bien rehogados todos los ingredientes de la cazuela, añadir los granos de granada y el redondo de ternera.
- Mojar con el caldo, tapar y dejar cocer lentamente una hora.
- Comprobar el punto de sal.
- Servir en una fuente la carne cortada en lonchas, verter la salsa por encima y los granos de granada.

CHORIZO CON PATATAS

Para 4 personas
Dificultad: baja
Tiempo: 1 hora y 15 minutos

Ingredientes:

1 1/2 kg de patatas
150 g de chorizo
1 pimiento seco
2 dientes de ajo
1 dl de aceite
sal

Preparación:

- Poner el pimiento seco en remojo con agua caliente; escurrirlo.
- Cortar el chorizo en daditos.
- Pelar y cortar las patatas a tiras.
- Pelar los dientes de ajo.
- Calentar el aceite en una sartén y freír ligeramente el chorizo.
- Agregar las patatas y freírlas junto con el chorizo.
- Remover con cuidado y dejar dorar las patatas.
- Añadir el pimiento seco y los dientes de ajo.
- Sazonar con sal y cubrir las patatas con agua caliente.
- Cocer a fuego suave hasta que las patatas estén blandas.
- Ponerlo todo en una cazuela y servirlo caliente.

Carne con salsa de granada

CHULETAS DE CORDERO AL AJO CABAÑIL

Para 4 personas
Dificultad: media
Tiempo: 45 minutos

Ingredientes:

1 kg de chuletas de cordero de riñonada
1 cabeza de ajos
1/2 dl de vinagre de vino blanco
1 dl de agua
2 dl de aceite de oliva
1/2 cucharadita de azúcar
1 kg de patatas
sal
pimienta negra

Preparación:

- En una sartén con la mitad del aceite, freír las chuletas a fuego vivo, procurando que queden bien doradas y sazonar con sal y pimienta.
- En otra sartén, con el resto del aceite, freír las patatas, peladas y cortadas en trozos (de unos 2 cm de ancho), sazonar con sal y pimienta.
- Pelar los ajos y machacarlos en el mortero, agregarles el vinagre y el agua, mezclándolo bien.
- Repartir este majado, entre las 2 sartenes, añadir un poquito de azúcar en cada una, dejar cocer lentamente unos 15 minutos, removiendo las sartenes de vez en cuando.
- Para servir, poner las chuletas y las patatas juntas en la misma fuente.
- Servir caliente.

CHULETÓN A LA PARRILLA CON PIMIENTOS

Para 4 personas
Dificultad: media
Tiempo: 40 minutos (más 15 minutos de maceración)

Ingredientes:

4 chuletones de ternera
2 pimientos rojos
2 pimientos verdes
1 limón
3 dientes de ajo
2 dl de aceite
sal
pimienta

Preparación:

- Exprimir el zumo del limón; reservar.
- Pelar y picar muy finos los dientes de ajo.
- Poner los chuletones en un recipiente, rociarlos con el aceite y el zumo de limón.
- Añadir el ajo picado y dejar macerar.
- Calentar la parrilla sobre las brasas de leña.
- Cuando las brasas estén rojas, colocar encima los chuletones y sazonarlos con sal y pimienta.
- Darles la vuelta cuando estén asados por un lado y salpimentar.
- Añadir los pimientos a la parrilla y asarlos.
- Rociar de vez en cuando con el jugo de la maceración.
- Pelar los pimientos asados y cortarlos en tiras.
- Poner los chuletones y las tiras de pimiento en una bandeja y servir.

Chuletón a la parrilla con pimientos

CODORNICES A LA PARRILLA CON ARROZ AL AZAFRÁN

Para 4 personas
Dificultad: baja
Tiempo: 30 minutos

Ingredientes:

8 codornices grandes
50 g de mantequilla
16 bayas de enebro
sal
pimienta

Arroz:

250 g de arroz
1/2 dl de aceite de oliva
1 cebolla
1 diente de ajo
1/2 hoja de laurel
un poco de tomillo
unas hebras de azafrán
sal
pimienta

Preparación:

- Limpiar y chamuscar las codornices, salpimentar el interior y poner 2 bayas de enebro en cada una.
- Ensartar las codornices en una brocheta de 2 en 2, untar con mantequilla, salpimentar.
- Reservar.
- En una cacerola, poner 3 cucharadas de aceite.
- Cuando esté caliente, añadir la cebolla picada, poner el arroz y remover continuamente hasta que los granos pierdan su transparencia, verter el agua hirviendo (doble cantidad de agua que el volumen del arroz a hervir).
- Salpimentar, añadir el ajo machacado, el azafrán, la media hoja de laurel y el tomillo, remover.
- Dejar el fuego suave, tapar y dejar cocer 16 minutos exactos, sin destapar.
- Precalentar el horno, y colocar en la parrilla las brochetas.
- Poner la parrilla bajo el grill del horno, dejar cocer unos 20 minutos y darles la vuelta varias veces para que se asen bien por todas partes.
- Cuando esté listo el arroz, quitar las hierbas aromáticas, remover con 2 tenedores y poner en la fuente de servir, previamente calentada y colocar las brochetas.
- Servir enseguida.

CODORNICES A LAS UVAS

Para 4 personas
Dificultad: media
Tiempo: 1 hora y 15 minutos

Ingredientes:

8 codornices
16 lonchas de tocino entreverado
8 rebanadas de pan sentado
100 g de mantequilla
400 g de uva blanca de grano grande
sal
pimienta

Salsa:

1 lata de trufa
50 g de jamón
1 dl de Oporto
1 copita de brandy
1 1/4 dl de crema de leche
25 g de mantequilla
20 g de harina

Preparación:

- Limpiar bien las aves, chamuscar, salpimentar por dentro y por fuera, introducir dentro de cada una de ellas un trocito de tocino y un grano de uva sin piel ni pepitas.

- Rodear cada codorniz con una loncha de tocino muy fina, atar.

- Calentar en una cacerola la mitad de la mantequilla.

- Cuando empiece a tomar color, añadir las codornices, darles la vuelta con frecuencia, una vez estén bien doradas, apartar la cacerola del fuego y llevar al horno precalentado unos 10 minutos para terminar bien su cocción.

- Mientras, vaciar un poco el centro de las rebanadas de pan, untarlas con mantequilla y tostarlas al horno por ambos lados.

- Lavar y limpiar bien las uvas, sacar las pepitas, saltear en la misma grasa de saltear las codornices, rociar con el Oporto y el brandy y encender.

Salsa:

- Calentar un poco de mantequilla en un cazo pequeño y freír el jamón cortado en tiras finas, añadir la trufa picada pequeña, remover, poner la harina, dejar dorar y rociar con la crema de leche y la preparación de las uvas, dejar cocer a fuego lento unos 5 minutos.

- Colocar sobre cada rebanada de pan una codorniz, rociar con la salsa y las uvas.

Codornices con jamón

Para 4 personas
Dificultad: media
Tiempo: 55 minutos

Ingredientes:

4 codornices
100 g de magro de cerdo
50 g de almendras tostadas
50 g de manteca de cerdo
1 pimiento rojo
1 cebolla
1 diente de ajo
1 dl de aceite
1 vaso de caldo de ave
3 ramitas de perejil
sal

Preparación:

- Cortar la manteca en dados; cortar el magro de cerdo en daditos; escalfar el pimiento, pelarlo y cortarlo en tiras; pelar y picar el diente de ajo, la cebolla y el perejil.
- Calentar el caldo de ave y reservarlo caliente.
- Vaciar, limpiar y salar las codornices por fuera y por dentro; rellenarlas con los daditos de manteca y magro y las tiras de pimiento; atar las codornices.
- Calentar el aceite en una cazuela de barro y freír las codornices hasta que estén bien doradas; mientras, poner las almendras, el ajo y el perejil y machacarlos.
- Diluir la molienda con un poco del caldo reservado y verter el majado sobre las codornices.
- Agregar el resto del caldo y cocer a fuego suave hasta que la salsa se espese. Servir caliente.

Conejo a la cazuela con pimientos

Para 4 personas
Dificultad: baja
Tiempo: 1 hora y 15 minutos

Ingredientes:

1 conejo entero de 1 kg
4 pimientos verdes
100 g de harina
1 1/2 dientes de ajo
1/2 dl de aceite
3 cucharadas de manteca
1 ramita de perejil
sal
pimienta

Preparación:

- Limpiar y trocear los pimientos.
- Limpiar, vaciar y trocear el conejo.
- Salpimentar y enharinar los trozos de conejo.
- Pelar y picar los dientes de ajo y el perejil.
- Calentar el aceite y las cucharadas de manteca en una cazuela de barro y dorar los trozos de conejo.
- Cuando estén bien dorados, retirarlos y reservarlos en un plato.
- En el mismo aceite, rehogar el pimiento y el ajo con el perejil.
- Verter un vasito de agua caliente y dejar hervir el líquido; sazonar con sal y pimienta.
- Al cabo de 10 minutos, añadir el conejo troceado y cocer a fuego suave hasta que la carne esté tierna.
- Comprobar el punto de sal y servir caliente.

Codornices con jamón

Conejo con cebolla a la mallorquina

Para 4 personas
Dificultad: media
Tiempo: 1 hora y 5 minutos

Ingredientes:

1 conejo entero de 1 kg
1 kg de cebollas
1 cabeza de ajo
1/2 dl de aceite
1 vasito de vino blanco
2 1/2 cucharadas de manteca de cerdo
1 hoja de laurel
nuez moscada
sal
pimienta

Preparación:

- Trocear el conejo.
- Pelar y cortar las cebollas en gajos delgados.
- Calentar la manteca y el aceite en una cazuela de barro y freír la cabeza de ajo entera junto con los trozos de conejo.
- Cuando tomen color dorado, añadir la cebolla y remover.
- Rehogar 5 minutos y verter el vino blanco y la hoja de laurel.
- Salpimentar y espolvorear con media cucharadita de nuez moscada.
- Tapar la cazuela y cocer a fuego suave.
- Añadir un chorro de agua si la salsa está muy espesa.
- Sacar la cazuela del fuego cuando la carne esté tierna.
- Comprobar el punto de sal y servir.

Conejo con setas y alcaparras

Para 6 personas
Dificultad: baja
Tiempo: 1 hora y 35 minutos

Ingredientes:

1 conejo grande y tierno
150 g de mantequilla
3 dl de vino tinto
2 dl de caldo
25 g de alcaparras
200 g de setas frescas
2 clavos de especia
9 rebanadas de pan sentado
tomillo y laurel
harina
sal y pimienta

Preparación:

- Limpiar y secar bien el conejo, cortar en trozos y enharinar.
- En una cazuela con mantequilla derretida, dejar dorar los trozos de conejo, por todos sus lados. Rociar con el vino, dejar evaporar y bañar luego con el caldo.
- Añadir a la cazuela las especias y las hierbas, salpimentar y dejar cocer con la cazuela tapada, a fuego moderado, durante 1 hora, aproximadamente.
- Finalizada la cocción, sacar los trozos de conejo y reservar calientes.
- Añadir a la salsa las alcaparras y las setas; dejar cocer unos 10 minutos.
- Freír las rebanadas de pan en mantequilla.
- En una fuente de servir, previamente calentada, disponer los trozos de conejo, bañarlos con la salsa y adornar con el pan frito.

Conejo con setas y alcaparras

ESCALOPINES CON SOBRASADA

Para 4 personas
Dificultad: baja
Tiempo: 45 minutos, más el tiempo de la maceración

Ingredientes:

600 g de carne de ternera
150 g de sobrasada en rodajas
150 g de tocino
50 g de manteca de cerdo
1 dl de aceite de oliva
1 limón
1 cabeza de ajo
2 dl de caldo
1 hoja de laurel
sal
pimienta

Preparación:

- Cortar la carne de ternera en escalopines muy finos.
- Dejar macerar en una mezcla de aceite y el zumo de 1 limón, durante 30 minutos.
- Pelar la sobrasada y cortarla en tiras.
- Quitar la corteza del tocino y cortarla en dados, cortar el tocino en tiras.
- Secar cuidadosamente con un paño los escalopines.
- Añadirles sal y pimienta.
- Extenderlos, poner en el centro de cada uno una tira de sobrasada y una de tocino, enrollar y atar con un poco de bramante.
- En un cazo al fuego con un poco de aceite, freír los dados de corteza de tocino hasta que estén bien dorados.

- Retirar del fuego y añadir un poco de manteca de cerdo, toda la cabeza de ajo, los dientes de ajo sueltos y sin pelar, la hoja de laurel, los rollitos de escalopines y el caldo caliente.
- Dejar cocer a fuego lento 30 minutos.
- Para servir, desatar los escalopines, colocarlos en una fuente de servir, rociar con la salsa reducida de la cocción.
- Colocar alrededor de los escalopines los dientes de ajo y los trocitos de corteza de tocino dorados.
- Servir calientes.

Escalopines con sobrasada

FALDETA DE CORDERO AL HUEVO

Para 4 personas
Dificultad: media
Tiempo: 1 hora y 5 minutos

Ingredientes:

1 kg de falda de cordero
1 manojo de espárragos blancos
2 huevos
3 dientes de ajo
1/2 dl de aceite
1 cucharada de harina
sal

Preparación:

- Trocear la carne.
- Batir los huevos en un bol.
- Lavar y pelar los espárragos.
- Pelar y picar los dientes de ajo.
- Cocer los espárragos en un cazo con agua y sal; cuando estén cocidos, escurrir y reservar un vaso del caldo de la cocción.
- Calentar el aceite en una cazuela de barro y rehogar la carne.
- Añadir el ajo picado y dejar dorar.
- Agregar la cucharada de harina y medio vaso de agua caliente.
- Cocer a fuego muy suave y a mitad de la cocción verter un vaso del caldo de los espárragos; sazonar con sal.
- Al cabo de 5 minutos, añadir los espárragos, y 10 minutos antes de retirar la cazuela del fuego, verter los huevos batidos.
- Comprobar el punto de sal, mezclar bien y servir.

FRITANGA DE POLLO

Para 4 personas
Dificultad: media
Tiempo: 50 minutos (más 1 hora y 30 minutos de maceración)

Ingredientes:

1 pollo de 1 1/2 kg
500 g de cebolla
150 g de harina
6 granos de pimienta negra
1 1/2 dl de aceite
sal

Preparación:

- Pelar y picar 2 cebollas.
- Limpiar, trocear y salar el pollo.
- Pelar y cortar el resto de las cebollas en juliana.
- Colocar el pollo en una fuente honda con las cebollas picadas y los granos de pimienta negra.
- Rociar los trozos de pollo con 1 dl de aceite y dejar 1 hora y 30 minutos a macerar.
- A continuación, escurrir el pollo y enharinar los trozos.
- Calentar en una sartén el mismo aceite de la maceración y freír el pollo macerado.
- Cuando los trozos estén dorados, sacarlos con una espumadera y colocarlos en una fuente cerca del fuego para mantener el calor.
- Calentar el resto del aceite en una sartén pequeña y freír las rodajas de cebollas hasta que estén transparentes; escurrirlas.
- Repartir la cebolla en rodajas sobre el pollo y servir caliente.

Faldeta de cordero al huevo

Greixonera de patas de cerdo

Para 4 personas
Dificultad: media
Tiempo: 3 horas, más el tiempo de remojo

Ingredientes:

2 patas de cerdo saladas
500 g de queso fresco
250 g de tocino
3 huevos
60 g de harina
1 dl de leche
100 g de pan rallado
50 g de manteca de cerdo
sal y pimienta

Preparación:

- Dejar las patas de cerdo en un recipiente con agua para que se desalen, es necesario cambiar el agua 2 o 3 veces.
- Después, hervir en abundante agua.
- Cuando estén bien tiernas, sacar cuidadosamente los huesos y picar pequeñas.
- Picar el tocino muy pequeño, luego mezclar con la carne de las patas.
- Rallar el queso e incorporar a las carnes, batir un poco los huevos y ponerlos también en el recipiente, luego la harina, la leche y salpimentar; trabajar bien, mezclándolo cuidadosamente.
- Untar las paredes y el fondo de un molde con manteca de cerdo, rellenar con la pasta preparada y espolvorear con el pan rallado. Precalentar el horno e introducir el molde, dejar cocer a temperatura media.
- Cuando esté listo, dejar enfriar.
- Este plato es mejor tomarlo frío.

Guiso de conejo con patatas

Para 4 personas
Dificultad: baja
Tiempo: 1 hora y 40 minutos

Ingredientes:

1 conejo entero de 1 kg
700 g de patatas
3 cebollas
1 dl de aceite
1 vaso de vino tinto
1/2 tazón de puré de tomate
1 cucharada de azúcar
1 cucharadita de tomillo
1 hoja de laurel
sal

Preparación:

- Pelar y picar la cebolla.
- Pelar y trocear las patatas.
- Limpiar y trocear el conejo.
- Calentar el aceite en una cazuela y dorar el conejo.
- Añadir la cebolla y rehogarla con el conejo.
- Verter el vino tinto y el puré de tomate; sazonar con sal.
- Espolvorear con el azúcar y el tomillo y agregar el laurel.
- Cocer a fuego fuerte hasta que hierva.
- Cocer 20 minutos más a fuego suave.
- Añadir las patatas troceadas y cocer hasta que todo esté tierno.
- Comprobar el punto de sal y servir caliente.

Greixonera de patas de cerdo

HÍGADO DE CORDERO AL AJO CABAÑIL

Para 6 personas
Dificultad: baja
Tiempo: 25 minutos

Ingredientes:

1 kg de hígado de cordero
1 dl de aceite
8 o 10 ajos
pimienta
2 cucharadas de pimentón
1/2 dl de vinagre
perejil
sal

Preparación:

- En una cazuela, poner el aceite a calentar.
- Una vez caliente, freír el hígado cortado en trozos.
- Cuando el hígado esté frito, apartar del fuego.
- Sacar un poco de aceite.
- Salpimentar.
- En el mortero, machacar los ajos y un buen ramito de perejil, mezclar con el picadillo, el vinagre y el pimentón.
- Verter este majado sobre el hígado troceado que hay en la sartén y volver a poner al fuego.
- Dejar dar un hervor.
- Retirar del fuego y servir enseguida ya que este plato es conveniente tomarlo caliente.

JAMÓN CON TOMATE

Para 4 personas
Dificultad: media
Tiempo: 35 minutos (más 1 hora de reposo)

Ingredientes:

300 g de jamón
250 g de tomate
1/2 dl de aceite
1/2 l de leche
1 cucharadita de azúcar
sal

Preparación:

- Cortar el jamón en lonchas y dejarlas 1 hora en remojo con leche.
- Hervir una olla con agua y escaldar los tomates.
- Cuando estén blandos, pelarlos y triturarlos.
- Calentar el aceite en una sartén y sofreír el tomate.
- Añadir la cucharadita de azúcar, una pizca de sal y cocer 15 minutos a fuego suave.
- Cuando suba el aceite, agregar las lonchas de jamón.
- Cocer 5 minutos más para impregnar el jamón con la salsa y servir.

Hígado de cordero al ajo cabañil

LECHONA RELLENA

Para 10-12 personas
Dificultad: alta
Tiempo: 3 horas y 15 minutos

Ingredientes:

1 pieza de lechona
100 g de pan
3 huevos
3 manzanas
3 ciruelas
150 g de manteca de cerdo
3 dientes de ajo
clavo de especia
azafrán
canela molida
un poco de leche
sal
pimienta

Preparación:

- Limpiar y chamuscar bien la lechona.
- Hervir en abundante agua y sal el hígado, corazón, riñones y patas de la lechona.
- Cuando estén tiernos, picar muy pequeños.
- Reservar.
- Remojar el pan con la leche, escurrir y triturar, picar los dientes de ajo, añadir el azafrán tostado, mezclar con los huevos batidos, salpimentar y aromatizar con un poco de clavo y canela molidos.
- Incorporar todo lo que tenemos picado de los menudillos de la lechona, las manzanas peladas y cortadas en dados, las ciruelas deshuesadas, rectificar de sal.
- Con esta preparación rellenar la lechona por la parte del vientre, luego coserla con la ayuda de una aguja.
- Salpimentar el exterior de la lechona, envolver las orejas con un poco de papel sulfurizado.
- Poner la lechona en la grasera, untarla con la manteca de cerdo, en el fondo de la grasera poner un poco de agua.
- Precalentar el horno a temperatura suave, introducir la grasera con la lechona, dejar cocer rociando a menudo con el jugo de la cocción, pincharla alguna vez con un cuchillo afilado para que penetre el jugo y se vaya cociendo mejor.
- Dejar cocer lentamente unas 2 horas o más, hasta que esté dorada y crujiente.
- Debe hacerse lentamente para que quede cocida por dentro y dorada por fuera.
- Servir con manzanas cocidas al horno, alrededor.

LOMO DE CERDO RELLENO

Para 4 personas
Dificultad: alta
Tiempo: 1 hora y 45 minutos

Ingredientes:

1 kg de lomo de cerdo
1/2 pimiento
1 cebolla
1 tomate
1/2 cabeza de ajos
1/2 dl de aceite de oliva
1 vasito de vino blanco seco
1 cucharada de manteca de cerdo
1/2 hoja de laurel
3 granos de pimienta
1 hebra de azafrán
1 clavo de especia
sal
pimienta

Para el relleno:

3 huevos
100 g de carne de cerdo picada
100 g de jamón serrano
2 1/2 dientes de ajo
1/2 copita de anís
1 1/2 cucharadas de pan rallado
1 ramita de perejil
sal

Preparación:

- Picar la ramita de perejil.
- Pelar y asar la 1/2 cabeza de ajos.
- Pelar y picar los 2 1/2 dientes de ajo para el relleno.
- Pelar y picar la cebolla y el tomate.
- Cortar el jamón serrano en tiras.

- Cortar el lomo por la mitad a lo largo.
- Cocer 2 huevos durante 12 minutos en un cazo con agua hirviendo.
- Para preparar el relleno, batir un huevo en un recipiente y agregar la carne de cerdo, los ajos y el perejil picados.
- Sazonar con sal y pimienta molida y mezclar bien los ingredientes.
- Verter el anís, el pan rallado y mezclar con las manos hasta obtener una pasta homogénea.
- Pelar los huevos duros y cortarlos en rodajitas.
- Abrir el lomo, colocarlo en una bandeja y poner una capa del relleno, encima una de huevo duro y cubrir con el resto del relleno.
- Cerrar el lomo y atarlo con cuerda de cáñamo.
- Calentar la manteca de cerdo con el aceite en una cazuela y freír ligeramente el lomo.
- Añadir la cebolla y el pimiento y rehogar hasta que esté tierno.
- Agregar el tomate y los dientes de ajo asados.
- Sofreír 5 minutos y verter el vino blanco, el laurel, el clavo, los granos de pimienta y el azafrán.
- Cubrir con agua caliente y sazonar con un poco de sal.
- Tapar la cazuela y cocer 1 hora hasta que el lomo esté tierno.
- Dejar reposar y cuando el lomo esté templado, cortarlo en rodajas.
- Colocar las rodajas de lomo en una bandeja y calentar la salsa.
- Bañar el lomo con la salsa y servir caliente.

MANZANAS RELLENAS DE CARNE CON ALMENDRAS

Para 4 personas
Dificultad: alta
Tiempo: 2 horas y 15 minutos

Ingredientes:

8 manzanas verdes
500 g de carne de cerdo picada
150 g de harina
100 g de azúcar
16 almendras peladas
8 galletas María
1 vaso de vino blanco seco
1/2 dl de aceite
1/2 cucharadita de canela y sal

Preparación:

- Lavar las manzanas y hacerles un hueco en el centro.
- Picar las galletas en un mortero.
- Mezclar las galletas con la carne picada y la canela.
- Rellenar el hueco de las manzanas con la mezcla.
- Enharinar la parte de la manzana abierta.
- Poner medio litro de agua en una cazuela y dejar hervir.
- Agregar el azúcar y el vino blanco.
- Colocar las manzanas con cuidado en la cazuela.
- Tapar la cazuela y cocer durante 2 horas a fuego muy suave.
- Picar las almendras tostadas y repartirlas sobre las manzanas.
- Cocer 5 minutos más hasta que las manzanas estén tiernas y servir.

MOLLEJAS DE TERNERA BRASEADAS CON PUERROS

Para 4 personas
Dificultad: media
Tiempo: 35 minutos

Ingredientes:

1 kg de mollejas de ternera
60 g de mantequilla
1 chalote
1 puerro
1/2 dl de aceite
1 1/2 vasos de caldo de carne
1 copa de brandy
1 cucharada de perejil
sal
pimienta

Preparación:

- Lavar y picar el chalote.
- Lavar y cortar el puerro en rodajas delgadas.
- Limpiar las mollejas y cortarlas en dados.
- Calentar el caldo de carne y reservarlo caliente.
- Calentar el aceite y la mantequilla en una cazuela y rehogar el puerro y el chalote.
- Cuando estén dorados, añadir la molleja y salpimentar.
- Rociar con el brandy y flamear.
- Verter el caldo de carne reservado y dejar cocer a fuego suave.
- Espolvorear con el perejil picado y servir caliente.

Manzanas rellenas de carne con almendras

OLLETA DE MÚSIC (POTAJE DE JUDÍAS)

Para 4-6 personas
Dificultad: baja
Tiempo: 2 horas

Ingredientes:

1 pie de cerdo
500 g de cabeza de cerdo
250 g de morcillo de ternera
500 g de patatas
3 morcillas de cebolla
1 manojo de carditos
300 g de judías
200 g de arroz
2 chorizos
1 dl de aceite de oliva
azafrán

Preparación:

- Poner en remojo las judías en agua, el día anterior.
- Poner las judías en una olla al fuego con agua que las cubra.
- Cuando empiecen a hervir, tirar el agua.
- Volver a poner la olla al fuego con las judías y 2 l de agua, añadir la carne, el cerdo y los carditos.
- Tapar y dejar a fuego lento hasta que el cerdo esté tierno, lo que llevará unas 2 horas, aproximadamente.
- Pasado ese tiempo, añadir las morcillas, las patatas, el chorizo y dejar cocer aproximadamente unos 20 minutos.
- Unos 14 minutos antes de servir, echar el arroz, el azafrán y el aceite, comprobar el punto de sal y rectificar si es necesario, remover y comprobar la cantidad de caldo, si no es suficiente añadir un poco más de agua caliente.
- Este plato debe quedar caldoso.
- Si no se puede tomar recién hecho, es mejor prescindir del arroz.

Olleta de músic (pataje de judías)

Pastel de carne murciano

Para 6 personas
Dificultad: alta
Tiempo: 2 horas y 30 minutos

Ingredientes:

Para la masa:

500 g de harina

150 g de manteca de cerdo

1 huevo para pintar

un poco de agua

sal

Para el relleno:

300 g de carne de ternera

150 g de jamón serrano

100 g de chorizo

1 seso

3 huevos

2 dientes de ajo

2 pimientos colorados

300 g de tomates maduros

aceite

sal

pimienta

Preparación:

- Formar una pirámide con la harina; en el centro, poner la manteca de cerdo, un poco de agua y sal.

- Amasar con las manos hasta dejar una masa fina y sin grumos.

- Cuando esté amasada, extender con el rodillo hasta dejarla bien fina, doblarla 3 veces, estirando cada vez con el rodillo y volviendo a doblar.

- Dejar reposar 2 horas en el frigorífico o en lugar fresco.

- Mientras, preparar el relleno.

- Cocer los huevos 12 minutos.

- Refrescar.

- Hervir el seso, reservar.

- Asar los pimientos al horno, pelarlos.

- En un cazo, sofreír con el aceite la carne cortada pequeña y los dientes de ajo picados.

- Cuando empiece a tomar color, pero sin llegar a dorarse, añadir los tomates pelados y cortados pequeños, dejar reducir un poco, salpimentar.

- Sacar del fuego y añadir el jamón cortado en trozos, el chorizo en rodajas, el seso cortado en trozos.

- Partir en 2 la masa que está descansando, una parte un poco más grande que la otra.

- Estirar con la ayuda del rodillo. (Reservar un trocito).

- Coger un molde, engrasarlo un poco y forrar con la mitad más grande, que cubra bien los laterales, llenar con los ingredientes preparados, terminar de rellenar con los huevos duros cortados en rodajas y los pimientos en tiras.

- Tapar con la otra mitad de masa, estirada también con el rodillo, pintar con huevo batido los bordes de las 2 partes, unir bien los bordes formando un festón, pinchar un poco con un cuchillo afilado y pintar todo el pastel con el huevo batido.

- Con un poco de masa reservada, hacer unos adornos encima del pastel; volver a pintar con huevo.

- Precalentar el horno y cocer unos 40 minutos a 180 °C, hasta que el pastel esté dorado.

- Servir caliente o templado.

PATATAS RELLENAS DE CARNE AL ESTILO MEDITERRÁNEO

Para 4 personas
Dificultad: media
Tiempo: 1 hora y 40 minutos

Ingredientes:

16 patatas pequeñas
200 g de carne magra de cerdo picada
150 g de carne de ternera picada
150 g de harina
1 rebanada de pan (sólo la miga)
1 cebolla
1 huevo
1 diente de ajo
3 dl de aceite
1 vasito de leche
1 vaso de vino blanco seco
1 ramita de perejil
sal y pimienta

Preparación:

- Pelar y lavar las patatas.
- Pelar y picar la cebolla.
- Poner la miga de pan en remojo con leche; escurrirla y reservarla.
- Pelar el diente de ajo y machacarlo en un mortero junto con el perejil.
- Mezclar en un bol grande la carne de ternera, la de cerdo, el huevo y la picada de ajo y perejil.
- Sazonar la mezcla con sal y pimienta y reservarla.
- Hacer un hueco a las patatas con ayuda de un cuchillo afilado y rellenarlas con la mezcla de las carnes.
- Calentar 2 dl de aceite en una sartén amplia.

- Enharinar las patatas y freírlas en el aceite muy caliente, hasta que estén doradas por todos lados.
- A continuación, colocar las patatas en una cazuela al fuego.
- Rehogar la cebolla picada con las patatas.
- Rociar con el resto del aceite y el vaso de vino blanco y cubrir con agua caliente.
- Cocer a fuego suave hasta que las patatas estén tiernas y servir.

Pato a la naranja

Para 6 personas
Dificultad: alta
Tiempo: 1 hora y 45 minutos

Ingredientes:

1 pato mudo (Barbarie) de unos 2 kg
4 dl de caldo preparado con los menudillos
50 g de manteca de cerdo
1/2 dl de aceite
40 g de harina
50 g de azúcar
1 copita de Cointreau
6 naranjas
1 cebolla grande
1 zanahoria
1 hoja de laurel
1/2 rama de canela
perejil
tomillo
sal y pimienta

Caldo:

1 l de agua
1 zanahoria
1 puerro
1 nabo
1 rama de apio
los menudillos del pato

Preparación:

- Preparar el caldo con los elementos indicados, dejar hervir 30 minutos, después de haberlo espumado bien.
- Reservar.
- Chamuscar el pato, lavarlo bien, cortar las puntas de las alas, salpimentar y untar bien con la manteca de cerdo.

- Precalentar el horno, colocar el pato en una fuente refractaria y llevar al horno a 250 °C.
- Dejar cocer hasta que esté dorado por ambos lados.
- Rociar con el zumo y la pulpa de 2 naranjas, añadir las hierbas, canela, la cebolla y la zanahoria, cortadas en láminas finas y dejar cocer destapado alrededor de 35 o 40 minutos.
- Espolvorear con la harina, dejar que se dore y rociar con el caldo; dejar cocer aproximadamente unos 20 minutos más.
- Retirar y cortar el ave en cuartos; agregar a la cazuela los huesos que quedan de la carcasa y cocer unos minutos sobre el fuego.
- Raspar las pieles de 2 naranjas.
- Reservarlas.
- En un cazo, calentar el jugo de las 2 naranjas y el azúcar, cocer a fuego vivo hasta obtener un caramelo, añadir el licor y las pieles raspadas de las naranjas.
- Sacar el pato de la fuente y reservarlo.
- Pasar la salsa por el colador chino, procurando desgrasarla un poco.
- Disponer nuevamente el pato en la fuente, rociar con la salsa y el caramelo preparado; dejar cocer 15 minutos más.
- Cortar las 2 naranjas restantes en rodajas finas (sin pelar), dentar la piel.
- Disponer los trozos de pato en una fuente redonda, resistente al horno y que pueda llevarse a la mesa, rociar con la salsa.
- Decorar alrededor con las rodajas de naranja, y algunos gajos de naranja pelados.
- Introducir unos instantes al horno para darle un tono un poco dorado.
- Servir muy caliente.

Pato a la naranja

PATO CON NABOS

Para 4 personas
Dificultad: alta
Tiempo: 2 horas y 40 minutos

Ingredientes:

1 pato de 1 1/2 kg
1 kg de nabos
150 g de manteca de cerdo
18 cebollitas
1 1/2 zanahorias
1 cebolla
1 limón
1 diente de ajo
1 l de aceite de oliva
2 1/2 vasos de vino blanco
3 vasitos de caldo de ave
1/2 cucharada de harina
1/2 cucharadita de laurel en polvo
1 ramita de tomillo
1 ramita de perejil
sal
pimienta

Preparación:

- Exprimir el zumo del limón.
- Vaciar, chamuscar y limpiar el pato.
- Rociar el pato con el zumo de limón.
- Picar la ramita de perejil.
- Pelar las cebollitas y reservarlas.
- Pelar y picar el diente de ajo.
- Raspar y cortar la zanahoria en rodajas.
- Pelar y cortar la cebolla en rodajitas delgadas.
- Calentar el caldo de ave y reservarlo caliente.
- Calentar la manteca de cerdo en una cazuela y dorar el pato por todos lados; sacarlo de la cazuela y reservarlo.
- Quitar un poco de grasa de la cazuela y reservarla.
- Freír en el resto de la grasa el ajo, la cebolla y las zanahorias hasta que esté todo dorado.
- Agregar al rehogado el laurel y la ramita de tomillo.
- Colocar el pato en la cazuela y rociarlo con el vino blanco.
- Al cabo de 3 minutos de cocción, salpimentar y bañar el pato con el caldo de ave caliente.
- Tapar la cazuela y cocer durante 1 hora a fuego muy suave.
- Mientras tanto, pelar los nabos y cortarlos en forma de palitos gruesos.
- Calentar la grasa reservada y freír los nabos, escurrirlos y reservarlos.
- Cocer las cebollitas 15 minutos en un cazo con un poco de agua y sal.
- Cuando el pato esté bien cocido, sacarlo de la cazuela y reservarlo.
- Agregar a la salsa la harina, mezclando bien con una cuchara de madera.
- Cocer la salsa 5 minutos y pasarla por un colador chino.
- Poner el pato en la cazuela y bañarlo con la salsa.
- Repartir las cebollitas y los nabos por la cazuela.
- Tapar la cazuela y cocer a fuego muy suave.
- Adornar con el perejil picado y servir muy caliente.

PECHUGAS DE POLLO CON HIGADITOS

Para 4 personas
Dificultad: media
Tiempo: 45 minutos

Ingredientes:

6 pechugas de pollo deshuesadas
6 lonchas de beicon
6 higaditos de pollo
2 tomates
1 diente de ajo
50 g de mantequilla
1/2 dl de aceite
1 cucharada de hierbas aromáticas
1 cucharadita de perejil
sal

Preparación:

- Pelar y picar el diente de ajo muy fino.
- Lavar y cortar los tomates por la mitad.
- Limpiar bien los higaditos de pollo.
- Golpear las pechugas con un mazo para aplanarlas.
- Sazonar las pechugas y colocar un higadito con una pizca de hierbas aromáticas en el centro de cada una.
- Enrollarlas y envolverlas con las lonchas de beicon.
- Atarlas con una cuerda de cáñamo para aguantar el rollito.
- Calentar el horno a temperatura moderada.
- Untar los rollitos con la mantequilla y colocarlos en una fuente.
- Asar 30 minutos en el horno hasta que los rollitos tomen color.
- Rociar con un chorrito de aceite de vez en cuando o con el propio jugo.
- A media cocción, colocar los tomates, espolvorearlos con el ajo y el perejil picados y cocerlos.
- Retirar la fuente del horno y quitar la cuerda de los rollitos.
- Colocarlos junto con los tomates en una bandeja y reservarlos calientes.
- Poner el jugo de la cocción en un cazo y añadirle medio vasito de agua.
- Calentar y remover la salsa con una cuchara de madera.
- Cuando esté hirviendo, verterla sobre los rollitos de pechuga y servir.

Perdices con almendras y jerez

Para 4 personas
Dificultad: media
Tiempo: 1 hora y 45 minutos

Ingredientes:

2 perdices
50 g de costrones de pan frito
12 almendras tostadas
2 cebollas
2 dientes de ajo
2 dl de aceite
1 copa de jerez
1 cucharada de pan rallado
1/2 cucharada de pimentón picante
1 ramita de perejil
sal

Preparación:

- Pelar los dientes de ajo; pelar y picar la cebolla. Limpiar y cortar a cuartos las perdices; salpimentarlas.
- Calentar el aceite en una sartén y dorar las perdices; reservarlas.
- En el mismo aceite, freír la cebolla; cuando tome color, agregar el pan rallado y el pimentón; remover con una cuchara de madera hasta que el pan quede tostado.
- Verter un vasito de agua caliente y dejar que hierva.
- Poner las perdices en la cazuela con la salsa y cocer 20 minutos a fuego suave.
- En un mortero machacar los dientes de ajo, las almendras y el perejil. Agregar la molienda a la cazuela junto con la copa de jerez. Cocer hasta que la salsa se espese y las perdices estén tiernas.

- Repartir encima los costrones de pan frito y servir.

Pechugas de pollo con tomate

Para 4 personas
Dificultad: baja
Tiempo: 40 minutos

Ingredientes:

4 pechugas de pollo de unos 250 g cada una
500 g de tomate
3 dientes de ajo
3 dl de aceite y sal
3 cucharadas de pan rallado
1/2 cucharadita de azúcar
1 ramita de perejil

Preparación:

- Sazonar con sal las pechugas de pollo.
- Lavar y cortar los tomates por la mitad.
- Pelar y picar los dientes de ajo y el perejil.
- Mezclar en un recipiente el ajo, el perejil, el azúcar, el pan rallado y una pizca de sal; remover y reservar.
- Encender el horno a temperatura alta (240 °C).
- Untar con aceite una bandeja para horno y colocar los tomates.
- Verter la mezcla reservada sobre los tomates e introducir en el horno.
- Gratinar 5 minutos a temperatura fuerte.
- Mientras, calentar el resto de aceite en una plancha a fuego fuerte y colocar las pechugas encima; dorar bien los filetes, hasta que estén tiernos por dentro.
- Poner en cada plato una pechuga de pollo con medio tomate y servir.

Pechugas de pollo con tomate

POLLO CON CIGALAS

Para 4 personas
Dificultad: media
Tiempo: 1 hora y 10 minutos (más 15 minutos
de reposo)

Ingredientes:

1 pollo de 1 1/2 kg
8 cigalas
4 tomates
1 cebolla
4 dientes de ajo
1 1/2 dl de aceite
1 vaso de caldo de ave
12 almendras tostadas
2 galletas María
3 ramitas de perejil
sal
pimentón

Preparación:

- Pelar y triturar los tomates.
- Pelar y picar 2 dientes de ajo.
- Pelar y cortar la cebolla en juliana.
- Lavar las cigalas bajo el chorro de agua del grifo.
- Seguidamente limpiar el pollo, trocearlo y salarlo.
- Calentar el caldo de ave y reservarlo caliente.
- Calentar el aceite en una cazuela y dorar los trozos de pollo.
- Añadir las cigalas y freírlas ligeramente con el pollo.
- Cuando esté todo dorado, escurrir de aceite y reservar.
- En el mismo aceite, freír los dientes de ajo picados y la cebolla.

- Agregar el tomate triturado y sofreír 5 minutos a fuego fuerte.
- Verter el caldo de ave y los trozos de pollo dorados.
- Sazonar con sal y pimentón.
- Tapar la cazuela y cocer 45 minutos a fuego muy suave.
- Mientras, machacar los dientes de ajo restante con las almendras, la galleta y el perejil.
- Mezclar la picada en la salsa 10 minutos antes de retirar del fuego.
- Añadir las cigalas y cocer 15 minutos más a fuego suave.
- Dejar reposar 15 minutos y servir.

Pollo con cigalas

POLLO EN PEPITORIA

Para 6 personas
Dificultad: media
Tiempo: 1 hora y 15 minutos

Ingredientes:

1 pollo o gallina de 1 1/2 kg
50 g de manteca de cerdo
100 g de tocino entreverado
1 cebolla mediana
2 dientes de ajo
2 1/2 dl de caldo de ave
1 1/2 dl de vino blanco seco
1 hoja de laurel
20 g de harina
jengibre
clavo de especia
perejil
sal y pimienta

Picada:

2 yemas de huevo duro
25 g de almendras tostadas

Guarnición:

4 rebanadas de pan tostado

Preparación:

- Limpiar bien el pollo, cortar en octavos, salpimentar.
- En una cazuela de barro, poner la manteca de cerdo.
- Cuando esté derretida, poner los trozos de pollo, dejar dorar y retirar.
- En el mismo aceite, poner la cebolla cortada a la pluma, dejar dorar un poco, añadir los ajos y perejil picados, luego el tocino cortado pequeño, el vino, dejar reducir, poner la harina y dejar dorar.

- Volver a poner el pollo en la cazuela junto con los demás ingredientes, añadir el laurel, el caldo, aromatizar con todas las especias indicadas, remover con cuidado.
- En el mortero, picar las yemas de huevo duro y las almendras tostadas, diluir con un poco de caldo y añadir al guiso.
- Dejar cocer unos 30 minutos.
- Pintar las rebanadas de pan con aceite y dorar en el horno por ambos lados.
- Disponer los trozos de pollo en una fuente de servir, cubrir con la salsa y alrededor decorar con las rebanadas de pan tostado.

Pollo en pepitoria

POLLO RELLENO AL PIMENTÓN

Para 4 personas
Dificultad: baja
Tiempo: 1 hora y 25 minutos

Ingredientes:

1 pollo de 1 kg
250 g de jamón
250 g de arroz
1 cebolla
1 dl de aceite de oliva
1 cucharada de pimentón
sal

Preparación:

- Picar el jamón muy fino. Pelar y picar la cebolla.
- Vaciar y limpiar el pollo.
- Calentar en un cazo cinco vasitos de agua con sal.
- Calentar la mitad del aceite en una cazuela y freír la cebolla.
- Añadir el arroz y remover constantemente con una cuchara de madera hasta que tome color; verter el agua hirviendo, tapar la cazuela y cocer 10 minutos a fuego suave hasta que hierva; destapar la cazuela y cocer 10 minutos más.
- Mezclar el jamón con el arroz y rellenar el pollo con la mezcla.
- Calentar el resto del aceite en una cazuela de barro y dorar el pollo. Rociarlo de vez en cuando con su propio jugo y dejar cocer. Cuando el pollo esté tierno, espolvorear con el pimentón.
- Trocear el pollo con cuidado y colocar los trozos en una fuente.
- Poner el jugo de la cocción en una salsera y servir.

RAGÚ DE CORDERO A LA VALENCIANA

Para 6 personas
Dificultad: media
Tiempo: 1 hora y 45 minutos

Ingredientes:

600 g de espalda de cordero
600 g de pecho de cordero
300 g de carne magra de pierna de cerdo
50 g de manteca de cerdo
250 g de arroz
1 cebolla
2 dientes de ajo
1 ramito de hierbas aromáticas
1 1/2 l de caldo de carne o de ave
pimienta de cayena y sal

Preparación:

- Cortar la espalda y pecho de cordero en trozos regulares.
- Calentar la manteca de cerdo en una cazuela de barro. Rehogar el cordero; dejar dorar.
- Cortar la carne de cerdo en dados, añadir a la cazuela y dorar. Una vez doradas las carnes, añadir la cebolla y ajos picados pequeños, añadir un poco de pimienta de Cayena y dorar un poco más.
- Rociar la carne con el caldo tibio y añadir el ramillete aromático, llevar a ebullición, luego dejar a fuego lento 1 hora y 15 minutos.
- Cuando el cordero esté casi cocido, echar el arroz y dejar que prosiga la cocción 15 minutos más.
- Sacar el ramito aromático.
- Servir en la misma cazuela.

Ragú de cordero a la valenciana

SESOS DE CORDERO

Para 4 personas
Dificultad: baja
Tiempo: 25 minutos

Ingredientes:

3 sesos de cordero
150 g de pan rallado
3 huevos
1 limón
2 dientes de ajo
3 dl de aceite
sal

Preparación:

- Batir los huevos.
- Cortar el limón en rodajas.
- Pelar los dientes de ajo.
- Hervir 1 1/2 l de agua con sal y los dientes de ajo.
- Lavar los sesos y cocerlos en la olla con el agua hirviendo.
- Cuando estén bien cocidos, escurrir y dejar templar.
- Cortar los sesos en rodajas de 1 cm y reservarlos.
- Calentar el aceite en una sartén amplia.
- Rebozar las rodajas de seso con el pan rallado y seguidamente untarlas en el huevo batido.
- Freír las rodajas en el aceite muy caliente; cuando estén doradas por un lado, darles la vuelta.
- Escurrirlas con una espumadera y colocarlas en una bandeja.
- Adornar con las rodajas de limón y servir.

TERNERA CON JAMÓN Y QUESO

Para 4 personas
Dificultad: media
Tiempo: 45 minutos

Ingredientes:

8 filetes de ternera de unos 100 g cada uno
4 lonchas de jamón dulce
4 lonchas de queso tierno
100 g de pan rallado
3 huevos
3 dientes de ajo
3 dl de aceite
1 cucharada de perejil
sal

Preparación:

- Pelar y cortar en tiras las patatas; pelar y picar muy finos los dientes de ajo.
- Aplastar los filetes con un mazo para aplanarlos; salarlos.
- Poner los filetes en una bandeja, espolvorearlos con el ajo picado y dejarlos 15 minutos en reposo.
- Mientras, batir los huevos en un bol y añadir el perejil; mezclar bien.
- Colocar el pan rallado en un plato hondo; limpiar los filetes de sal y ajo.
- Poner encima de 4 filetes una loncha de jamón y una de queso y tapar con los 4 filetes restantes; untar los filetes en el huevo y después rebozarlos con el pan.
- Calentar el aceite en una sartén amplia y freírlos; escurrirlos y reservarlos calientes; colar el aceite y freír las patatas.
- Poner los filetes rellenos con las patatas en una bandeja y servir.

Ternera con jamón y queso

Ternera con setas al aguardiente

Para 4 personas
Dificultad: media
Tiempo: 1 hora y 15 minutos

Ingredientes:

1 kg de culata de ternera
750 g de rovellones
150 g de harina
50 g de manteca de cerdo
3 tomates
1 zanahoria
1 cebolla
2 dl de aceite
1 vasito de aguardiente
1 hoja de laurel
3 clavos de especia
pimienta en grano y sal

Preparación:

- Lavar y trocear los tomates; pelar y cortar en juliana la cebolla. Raspar y cortar la zanahoria en rodajitas; cortar la carne en lonchas, salarla y enharinarla.
- Calentar en una sartén el aceite junto con la manteca de cerdo y freír las lonchas de carne; escurrirlas y reservarlas; verter el aceite de la sartén en una cazuela de barro y rehogar la cebolla y la zanahoria; añadir los trozos de tomate y el laurel.
- Sazonar con sal y la pimienta en grano y dejar sofreír; cuando se espese, agregar los clavos de especia y el aguardiente; cubrir con agua caliente y dejar hervir.
- Agregar la carne rebozada y cocer lentamente hasta que esté tierna.
- Comprobar el punto de sal y servir muy caliente.

Tripas de cordero al vino blanco

Para 4 personas
Dificultad: baja
Tiempo: 1 hora y 5 minutos (más 1 hora de reposo)

Ingredientes:

1 kg de tripas de cordero
1 cebolla
2 dientes de ajo
3 dl de aceite
1 vaso de vino blanco seco
1 copa de brandy
1 hoja de laurel
1 ramita de perejil
pimienta en grano y sal

Preparación:

- Picar el perejil muy fino.
- Limpiar muy bien las tripas de cordero.
- Pelar y picar los dientes de ajo y la cebolla.
- Hervir 1 1/2 l de agua con sal en una olla.
- Cuando hierva, agregar 3 granos de pimienta, la hoja de laurel, la picada de ajo y cebolla y las tripas.
- Verter el vino blanco seco y el brandy y dejar cocer a fuego suave.
- Escurrir las tripas cocidas y dejarlas reposar 1 hora; a continuación secarlas y trocearlas.
- Calentar el aceite en una sartén y freír las tripas; tapar la sartén.
- Escurrir las tripas de aceite y colocarlas en una bandeja.
- Adornar con el perejil picado y servir caliente.

Tripas de cordero al vino blanco

LOS POSTRES, MUY
LIGADOS A LAS FIESTAS
TRADICIONALES,
CONSTITUYEN UNA
INTERMINABLE LISTA
DE GRAN VARIEDAD,
CAPAZ DE CONTENTAR
AL MÁS EXIGENTE
GOLOSO GRACIAS
A LAS FRUTAS Y MIELES
QUE SE PRODUCEN EN
ESTAS TIERRAS.
LOS TURRONES
PROPIOS DE LA ZONA
DE ALICANTE O LAS
ENSAIMADAS
MALLORQUINAS SON
UN PEQUEÑO EJEMPLO
DE ESA RIQUEZA
GASTRONÓMICA.

Almojábanas

Para 4 personas
Dificultad: media
Tiempo: 1 hora y 15 minutos

Ingredientes:

500 g de harina
2 1/5 dl de aceite
1/2 l de agua
6 huevos
50 g de azúcar

Almíbar:

400 g de azúcar
6 dl de agua
la piel de 1 limón

Preparación:

- Lavar y cepillar bien el limón.

- Preparar el almíbar, poniendo un recipiente al fuego con el agua indicada; añadir el azúcar y la piel de limón, procurando cortar sólo la parte amarilla.

- Dejar cocer 10 minutos, a partir de la ebullición.

- En un cazo al fuego, poner 1/2 l de agua, el aceite y el azúcar; llevar a ebullición.

- Echar toda la harina, trabajar con la espátula de madera, removiendo para que no se formen grumos, con el fuego muy suave hasta que se despegue la pasta de las paredes del cazo.

- Retirar del fuego y dejar enfriar un poco.

- Añadir los huevos de uno en uno, esperando que se absorba uno antes de añadir el siguiente.

- Tiene que quedar una masa espesa pero elástica y manejable.

- Precalentar el horno a 170 °C.

- Untar una fuente para horno.

- Con 2 cucharas, poner porciones sobre la fuente, un poco separadas, para evitar que se peguen cuando se hinchen al cocer.

- Cuando estén todas bien puestas, hacer un agujero en el centro, con el dedo untado de aceite.

- Cocer en el horno a 180 °C, durante unos 20 minutos, hasta que se doren.

- Sacar del horno, dejar enfriar y pasar por el almíbar conservado caliente; colocarlas en una fuente.

- Servir frías.

ARNADI
(PASTEL DE CALABAZA)

Para 6 a 8 personas
Dificultad: media
Tiempo: 2 horas, más el tiempo de escurrir

Ingredientes:

1 calabaza de 2 1/2 a 3 kg, redonda y
de piel rugosa

1 kg de azúcar

4 huevos

300 g de almendras molidas

75 g de almendras peladas laminadas

100 g de almendras enteras, peladas

aceite

azúcar lustre

canela en polvo

la raspadura de 1 limón

Preparación:

- Precalentar el horno y asar la calabaza, partida por la mitad, a 180 °C, durante 1 hora hasta que la carne esté tierna.

- Cuando esté asada y fría, quitar las pepitas y piel, pasar la pulpa por el pasapurés.

- Poner la pulpa dentro de un saquito de tela, a escurrir, durante 24 horas en sitio fresco, para que quede lo más escurrida posible.

- Pesar la pulpa escurrida y calcular 500 g de azúcar por cada kilo de calabaza.

- Amasar la pulpa en una cazuela, incorporando la ralladura de limón y el azúcar; poner a fuego lento, removiendo constantemente.

- Añadir las yemas batidas y remover a menudo con una espátula de madera.

- Incorporar las almendras laminadas fritas, junto con el aceite de freírlas, para darle un poco de ligazón.

- Cuando haya cocido 30 minutos, añadir las almendras molidas, la canela en polvo, trabajar un poco más y sacar del fuego.

- Una vez conseguida la masa colocarla en forma de cono, lo más esbelto posible, sobre una cazuela de barro y decorar al gusto con las almendras enteras y peladas clavadas en la pulpa, repartidas en todo el cono.

- Espolvorear con azúcar lustre.

- Llevar el horno a 160 °C, para que se dore, durante unos 30 minutos.

ARROPE Y «TALLAETES»

Para 6 personas
Dificultad: media
Tiempo: 2 horas y 30 minutos, más la
maceración

Ingredientes:

1 kg (peso neto) de fruta variada

500 g de azúcar y canela en rama

zumo de uvas o de higos

1 cucharada de cal viva

Preparación:

- Preparar el agua y disolver en ella la cucharada de cal viva (con mucho cuidado, pues el contacto de cal con el agua puede producir quemaduras).

- Limpiar bien la fruta, quitar las cortezas, trocear en trozos largos y poner en el agua de cal dejándola en remojo 24 horas.

- Al día siguiente, lavarla cuidadosamente, cambiando varias veces el agua.

- En una cazuela para confituras, de barro, colocar el zumo de uvas o de higo y añadir toda la fruta que hemos macerado en el agua y cal; poner también el azúcar y la ramita de canela.

- Dejar cocer lentamente, unas 2 horas, removiendo a menudo.

- Cuando esté en su punto, verter en los tarros de cristal, previamente esterilizados.

- Guardar en lugar fresco y seco.

BIZCOCHO DE NUECES

Para 4 personas
Dificultad: media
Tiempo: 45 minutos

Ingredientes:

200 g de azúcar

200 g de harina

150 g de nueces

125 g de mantequilla

4 huevos

2 1/2 cucharaditas de levadura

1 corteza de limón

Preparación:

- Picar las nueces; reservar 4 enteras.

- Rallar la corteza de limón; tamizar la levadura y la harina; batir los huevos en un recipiente; añadir el azúcar y la ralladura de limón. Batir con unas varillas de metal hasta que la mezcla esté espumosa.

- Agregar la mantequilla blanda y la harina con la levadura lentamente.

- Mezclar poco a poco hasta obtener una masa muy ligera.

- Calentar el horno a temperatura baja.

- Untar con una cucharada de mantequilla un molde redondo de 25 cm de diámetro y verter la mitad de la masa.

- Repartir las nueces picadas por encima y verter el resto de la masa.

- Introducir el molde en el horno y cocer 30 minutos a temperatura suave.

- Pinchar con un cuchillo para comprobar que el bizcocho está bien cocido.

- Retirar del horno, dejar reposar y desmoldear sobre una fuente.

- Adornar con las nueces enteras y servir.

Arrope y «tallaetes»

BOLAS DE CASTAÑAS

Para 4 personas
Dificultad: media
Tiempo: 1 hora y 45 minutos

Ingredientes:

500 g de castañas peladas
100 g de pan rallado
100 g de azúcar
75 g de mantequilla
5 huevos
3 dl de aceite
1 vaso de leche
1 cucharadita de vainilla

Preparación:

- Cocer las castañas en un cazo con la leche, el agua y la vainilla, durante 1 hora, hasta que estén muy blanditas; colarlas y pasarlas por el pasapurés.

- Separar las yemas de las claras de 3 huevos; reservar las yemas.

- Añadir el azúcar, las yemas de huevo, la mantequilla y mezclar bien.

- Amasar la mezcla con las manos hasta obtener una masa suave.

- Poner la masa al fuego para endurecerla; extender la masa sobre una superficie lisa y dejar reposar 15 minutos, hacer bolitas del tamaño de una nuez.

- Batir los huevos restantes en un bol y calentar el aceite en una sartén a fuego fuerte; untar las bolas en el huevo y rebozarlas con el pan rallado.

- Freírlas en el aceite muy caliente; cuando estén doradas, escurrirlas sobre papel de cocina; colocar las bolitas de castañas fritas en una fuente y servir.

BUÑUELOS DE SAN JOSÉ

Para unos 40 buñuelos
Dificultad: baja
Tiempo: 1 hora

Ingredientes:

350 g de harina
60 g de levadura prensada
4 dl de agua templada
1 l de aceite para freír
sal
azúcar para espolvorear

Preparación:

- En un bol un poco hondo, disolver la levadura con el agua templada, agregar la harina poco a poco, trabajando para que no queden grumos, sazonar, mezclar bien para que quede una pasta suave.

- Dejar descansar, tapado, hasta que suba.

- Coger porciones pequeñas de la masa, formar una bola y, con las manos untadas de aceite, hacer un agujero con los dedos en el centro.

- Calentar abundante aceite en un recipiente hondo.

- Cuando esté caliente, ir echando los buñuelos preparados, que se fríen rápidamente, sacarlos cuando estén dorados.

- Escurrir sobre un paño de cocina.

- Pasar a una bandeja y espolvorear con azúcar.

Consejo práctico:

Se toman calientes y son excelentes acompañados con chocolate a la taza.

Buñuelos de san José

Chocolatada mediterránea

Para 4 personas
Dificultad: baja
Tiempo: 40 minutos

Ingredientes:

| 250 g de chocolate |
| 150 g de melindros |
| 8 tazas de agua |
| 1 cucharada de canela |

Preparación:

- Cortar el chocolate en trozos pequeños.
- Poner el chocolate con 2 tazas de agua en un cazo a fuego suave.
- Remover con una cuchara de madera y añadir la canela.
- Verter el resto del agua, remover y dejar hervir lentamente hasta formar una crema ligera.
- Repartir el chocolate en 4 tazas con los melindros y servir caliente.

Compota de higos

Para 6 personas
Dificultad: baja
Tiempo: 30 minutos

Ingredientes:

| 1 kg de higos verdes |
| 500 g de azúcar |
| 1 dl de agua |
| 1 ramita de vainilla |

Preparación:

- En una cazuela de hacer confitura, poner el agua y el azúcar, dejar cocer unos 10 minutos a fuego lento, añadir la ramita de vainilla, dejar hacer un almíbar.
- Lavar bien los higos, secarlos, pelarlos y cortarlos en cuartos.
- Cuando el almíbar haya cocido el tiempo indicado, añadir los higos, en plena ebullición; dejar hervir unos 15 minutos.
- Cuando esté en su punto, verter en una compotera.
- Dejar enfriar, antes de servir.

Compota de higos

Confitura de higos

Para 6 personas
Dificultad: baja
Tiempo: 1 hora y 20 minutos

Ingredientes:

1 kg de higos maduros
750 g de azúcar
2 limones
2 dl de agua

Preparación:

- Esterilizar los tarros, escaldarlos y dejarlos boca abajo, sobre un paño limpio y seco, sin secarlos.

- Lavar los higos sin que se rompan y pelarlos.

- En una cazuela de barro para confituras, poner el azúcar con el agua, hervir sin remover unos 15 minutos, hasta alcanzar el punto de bola blanda (se toma un poco de almíbar con una espátula que tenga agujeros, se sopla y si se forman pequeñas bolas, entonces estará en su punto).

- Seguidamente añadir los higos al jarabe, que debe cubrirlos, dejar reposar toda una noche.

- Al día siguiente, escaldar los limones, secar, rallar la piel y escurrir el jugo, añadir al jarabe.

- Mezclar con cuidado.

- Poner al fuego la cazuela, remover con cuchara de madera y dejar hervir de 20 a 30 minutos, hasta que los higos estén transparentes.

- Poner en los tarros esterilizados, tapar y esterilizar al baño María durante unos 15 minutos.

- Al sacar, enfriar cuidadosamente, para que no se rompan los frascos; primero, dejar correr el agua caliente encima de la olla donde están los frascos; ir enfriando el chorro de agua poco a poco hasta poner solamente agua fría.

Confitura de higos

CREMA DE CAFÉ

Para 4 personas
Dificultad: baja
Tiempo: 35 minutos (más 1 hora de
refrigeración)

Ingredientes:

1 l de leche

*8 galletas (en bastoncillo o forma
decorativa)*

6 huevos

250 g de azúcar

7 cucharadas de café soluble

7 cucharadas de fécula de maíz

1 corteza de limón

1 ramita de canela

Preparación:

- Poner los huevos en un recipiente con agua y unas gotas de lejía.

- Al cabo de 10 minutos, secarlos y separar las yemas de las claras de huevo; reservar las yemas.

- Lavar y cepillar la corteza de limón.

- Reservar un vaso de leche y calentar el resto en un cazo con la corteza de limón y la canela.

- Mientras, mezclar en un recipiente el vaso de leche con las yemas de huevo, la fécula de maíz y el café soluble.

- Quitar la corteza de limón y la canela del cazo de leche.

- Añadir la leche muy caliente a la mezcla y batir.

- Cuando esté bien mezclado, ponerlo en un cazo y dejar que hierva; remover con una cuchara de madera hasta obtener una crema espesa.

- Repartir la crema en boles individuales y ponerlos 1 hora en el frigorífico.

- Adornar con las galletas y servir.

DULCES DE MERENGUES Y ALMENDRA

Para 4 personas
Dificultad: media
Tiempo: 35 minutos (más 1 hora de reposo)

Ingredientes:

500 g de almendras tostadas

500 g de azúcar

4 huevos

1 limón

Preparación:

- Picar las almendras en un mortero; reservarlas.

- Separar las claras de las yemas de los huevos; reservar las claras.

- Lavar y cepillar el limón; exprimir el zumo y rallar la corteza.

- Calentar el horno a temperatura alta (200 °C).

- Batir las claras a punto de nieve.

- Añadir la ralladura y el zumo de limón; batir.

- Agregar el azúcar, poco a poco, batiendo constantemente hasta que la clara quede muy firme.

- Mezclar las almendras bien picadas.

- Cubrir una bandeja con papel de aluminio y, con ayuda de una cuchara, formar montoncitos.

- Colocarlos en la bandeja y cocer durante unos 10 minutos en el horno.

- Dejar reposar 1 hora, poner los merengues en moldes de papel y servir.

Crema de café

Ensaimadas mallorquinas

Para 4 personas
Dificultad: alta
Tiempo: 1 hora y 30 minutos, más el reposo

Ingredientes:

500 g de harina de fuerza
150 g de masa de pan
150 g de azúcar
3 huevos
2 1/2 dl de agua
5 g de sal
100 g de manteca de cerdo
un poco de aceite

Preparación:

- Disponer la masa de pan en un barreño, añadir el agua templada y desleír poco a poco la masa, añadir los huevos, trabajar, añadir la sal, el azúcar, la harina tamizada, trabajar bien con las manos hasta que se adquiera una masa compacta, con cuerpo y correa.

- Cuando la hayamos obtenido, untar con aceite la masa por encima para evitar que se forme corteza, tapar con un paño, para preservar del aire.

- Dejar reposar durante 3 o 4 horas.

- Pasado ese tiempo y una vez la masa esté esponjosa, volver a ponerla sobre la tabla, untada con aceite, untadas también las manos y el rodillo, unir la masa sin trabajarla demasiado y hacer porciones de unos 50 a 60 g.

- Embadurnar estas porciones con aceite y formar bolas que luego laminaremos con el rodillo, hasta dejarlas de un espesor mínimo.

- Con las manos, embadurnar con manteca

de cerdo derretida y enrollar, estirando hasta que tengan unos 25 cm.

- Formar las ensaimadas tomando las tiras enrolladas sobre sí mismas, con la ayuda de los dedos, formar la espiral que será la ensaimada.

- Cuando estén preparadas, colocar sobre latas engrasadas, bastante separadas para que cuando se esponjen no se peguen.

- Colocar las planchas en un armario cerrado, donde estarán 5 o 6 horas hasta que doblen su volumen primitivo.

- Cuando las ensaimadas estén esponjosas, sacarlas, pulverizarlas con agua, espolvorearlas con azúcar lustre y cocerlas a horno fuerte unos 25 minutos, hasta que se doren.

- Cuando estén frías, espolvorear otra vez con azúcar lustre.

Consejo práctico:

Existen diferentes tipos de ensaimada: rellenas de cabello de ángel, de sobrasada, de crema, de sobrasada y calabaza.

Son excelentes tomadas recién hechas, pero pueden aguantar 10 o 12 días. El secreto de la ensaimada está en la calidad de los ingredientes y en su elaboración artesanal.

FLAN DE MANZANA

Para 4 personas
Dificultad: media
Tiempo: 1 hora y 55 minutos

Ingredientes:

8 manzanas reinetas
8 huevos
200 g de nata líquida
150 g de azúcar
40 g de mantequilla
1 cucharada de canela en polvo
1 corteza de limón
1 ramita de canela

Preparación:

- Pelar y cortar las manzanas en gajos gruesos.

- Calentar la mantequilla en una sartén honda y rehogar los gajos de manzana junto con la ramita de canela.

- Batir los huevos en un recipiente.

- Rallar la corteza de limón sobre los huevos batidos.

- Añadir 100 g de azúcar y batir todo con una varilla de metal.

- Agregar las manzanas rehogadas y mezclar.

- Calentar el resto del azúcar en un cazo con medio vasito de agua y remover constantemente hasta formar el caramelo.

- Untar un molde de flan con el caramelo y a continuación verter la mezcla del recipiente.

- Poner el molde en una fuente honda con agua hasta la mitad.

- Introducir en el horno y cocerlo 1 hora y 30 minutos al baño María a temperatura alta.

- Pinchar con un cuchillo para comprobar que está cocido y retirar el molde del horno; dejar reposar hasta que el flan esté templado.

- Mientras, colocar la nata líquida en un recipiente y montarla con ayuda de una batidora.

- Desmoldear el flan sobre una fuente, adornar con la nata montada y la canela y servir.

FLAN DE NARANJA

Para 4 personas
Dificultad: media
Tiempo: 55 minutos

Ingredientes:

4 huevos enteros
2 yemas de huevo
1/2 l de zumo de naranja
150 g de azúcar
1 naranja
75 g de azúcar para caramelo
1 cucharada de fécula

Preparación:

- En un cazo pequeño puesto al fuego, añadir 75 g de azúcar con unas cuantas gotas de agua, dejar derretir hasta que llegue al punto de caramelo.

- Cuando esté hecho el caramelo, verterlo en un molde para flanes, dejar enfriar.

- En un cazo que no sea de aluminio, poner el zumo de naranja y el azúcar; remover y añadir cuidadosamente la cucharada de fécula, poner al fuego y remover con la batidora de mano procurando que no se formen grumos.

- Cuando haya espesado un poco, retirar del fuego y añadir los huevos y las yemas batidos «como para tortilla».

- Volver al fuego y, sin dejar de remover, esperar a que espese un poco más.

- Cuando esté todo bien mezclado, verter la preparación en un molde acaramelado y poner al baño María hasta que cuaje.

- Dejar en el molde hasta que esté frío; luego, desmoldear en una fuente adornándolo con la naranja en gajos o en rodajas.

- Servir fresco.

Flan de naranja

Flaó

Para 6-8 personas
Dificultad: media
Tiempo: 1 hora

Ingredientes:

Para la masa:

250 g de harina

50 g de manteca de cerdo

1 huevo

30 g de azúcar

1/2 dl de leche

1 cucharadita de anís seco

una pizca de sal

Para el relleno:

400 g de queso tierno

250 g de azúcar

4 huevos

unas 15 hojas de hierbabuena fresca

Preparación:

- Hacer un volcán con la harina y poner en el centro todos los ingredientes de la masa. Trabajar primero con un tenedor y luego con las manos, hasta formar una pasta homogénea, suave y elástica.
- Dejar descansar 15 minutos.
- Precalentar el horno a 160 °C.
- Preparar el relleno en un bol, batir un poco los huevos con el azúcar.
- Incorporar el queso, desmenuzado, trabajar un poco y añadir las hojas de hierbabuena picadas finas y el anís; mezclar bien.
- Extender con el rodillo la pasta preparada anteriormente, forrar un molde, de manera que cubra hasta el borde.

- Rellenar con el preparado del queso y llevar al horno 30 minutos.
- Dejar enfriar el «flaó» y espolvorear con un poco de azúcar lustre.

Gató

Para 4 personas
Dificultad: media
Tiempo: 1 hora y 20 minutos

Ingredientes:

175 g de almendras molidas

175 g de azúcar

1/2 cucharadita de canela en polvo

6 huevos

la ralladura de 1 limón

mantequilla

azúcar lustre

Preparación:

- Separar las claras de las yemas, trabajar las yemas con el azúcar, hasta formar una crema clara, suave y esponjosa; añadir la ralladura de limón, aromatizar con la canela en polvo, adicionar las almendras molidas, continuar batiendo para lograr una mezcla homogénea.
- Batir las claras a punto de nieve y añadirlas al preparado anterior, con mucho cuidado para que no baje la crema.
- Untar el fondo y las paredes interiores de un molde redondo con un poco de mantequilla, verter la mezcla preparada, procurando que quede lleno sólo en sus 3/4 partes, para que al subir la masa preparada no se derrame.
- Precalentar el horno a 170 °C.
- Introducir el molde en el horno durante unos 50 minutos.

- Para comprobar si ya está en su punto, pinchar la tarta con un pinchito o aguja gruesa; cuando lo saquemos seco indicará que la tarta ya está hecha.
- Apagar el horno y dejar 5 minutos dentro.
- Desmoldear en una bandeja para servir y espolvorear con azúcar lustre.

GRANIZADO DE CAFÉ

Para 4 personas
Dificultad: baja
Tiempo: 20 minutos, más la refrigeración

Ingredientes:

2 l de agua

250 g de café molido mezcla (natural y torrefacto)

200 g de azúcar

1 trocito de piel de limón

Preparación:

- Preparar un café fuerte con el agua y el café (debe quedar 3/4 l de café).
- Disolver el azúcar.
- Poner el trocito de piel de limón y dejar enfriar, tapado.
- Retirar la corteza de limón.
- Cuando esté bien frío, poner en un molde al congelador, sacar y remover varias veces con un batidor de mano o con un tenedor, para que no se cristalice.
- Enfriar las copas y poner el granizado en ellas en el momento de servir.
- Tardará unas 3 horas en granizar.

GRANIZADO DE LIMÓN

Para 2 personas
Dificultad: baja
Tiempo: 25 minutos, más la refrigeración

Ingredientes:

1/2 l de agua

150 g de azúcar

6 limones

Preparación:

- Lavar y cepillar bien uno de los limones, rallar la piel y ponerla junto con el agua y el azúcar en un cazo al fuego.
- Dejar cocer unos 10 minutos a fuego suave.
- Exprimir los 6 limones y colar el zumo.
- Cuando el almíbar esté frío, pasarlo por el chino y mezclarlo bien con el zumo de los limones.
- Poner este preparado en un molde en el congelador, graduar el frigorífico al máximo de frío.
- Remover varias veces el granizado para que no se formen grumos.
- Debe estar en el congelador, como mínimo, 3 horas.
- Cuando esté en su punto no remover más.
- Servir en vasos largos con una paja o cañita de plástico.

HORCHATA DE CHUFAS VALENCIANA

Para 4 personas
Dificultad: media
Tiempo: 2 horas y 30 minutos, más el tiempo de remojo

Ingredientes:

1 kg de chufas
1 kg de azúcar
5 l de agua
canela en rama

Preparación:

- Lavar bien las chufas en varias aguas.

- Cuando estén completamente limpias, dejarlas en remojo en abundante agua fría durante un período de 12 a 14 horas.

- Pasado ese tiempo, volver a lavarlas bien, cambiando el agua hasta que salga completamente clara y escurrir las chufas.

- Machacarlas en el mortero adecuado, ir echando un poco de agua al picarlas para que no suelten aceite (o pasarlas por la trituradora).

- Añadir a la pasta que hemos hecho antes el agua y un trozo de canela en rama, dejar reposar unas 2 horas en lugar fresco.

- Incorporar el azúcar, removiendo bien para que se disuelva completamente.

- Seguidamente, pasarlo por un colador metálico y después por un lienzo fino, previamente humedecido con agua, colocado sobre el colador.

- Se obtiene así un líquido lechoso que se pone en la nevera para servirlo bien frío.

- La horchata de chufas también puede servirse granizada, helándola como haríamos con un mantecado, teniendo la precaución de remover de vez en cuando para romper los cristales que se forman hasta lograr el granulado deseado.

Horchata de chufas valenciana

P APARAJOTES (HOJAS DE LIMONERO)

Para 4 personas
Dificultad: baja
Tiempo: 30 minutos

Ingredientes:

12 o 15 hojas de limonero, recién cortadas
2 1/2 dl de leche
2 1/2 dl de agua con gas
300 g de harina
4 huevos
100 g de azúcar
un poco de azúcar lustre
canela en polvo
aceite para freír

Preparación:

- Lavar cuidadosamente las hojas de limonero, que deben ser tiernas, y secarlas con un paño. Reservar.

- En un bol, mezclar las yemas de los huevos con el azúcar hasta formar una crema clara, añadir la leche y la harina tamizada, mezclar bien y añadir el agua con gas; aromatizar con canela.

- Aparte, batir las claras de los huevos a punto de nieve, agregar a la pasta preparada, remover bien.

- Procurar que quede consistencia media, que vaya bien para rebozar.

- Calentar aceite en una sartén, coger las hojas de limonero, pasarlas por la masa y freírlas a temperatura media, ponerlas sobre papel absorbente.

- Colocarlas en una bandeja y espolvorearlas con azúcar lustre o un poco de miel

P ASTEL DE DÁTILES

Para 6 personas
Dificultad: baja
Tiempo: 50 minutos

Ingredientes:

2,5 dl de agua
250 g de azúcar
350 g de dátiles
350 g de nueces sin cáscara
50 g de azúcar lustre

Guarnición:

100 g de dátiles frescos
50 g de nueces

Preparación:

- En un cazo, mezclar el azúcar con el agua, añadir los dátiles sin hueso y dejar cocer lentamente hasta que se forme una mermelada.

- Retirar del fuego. Dejar enfriar.

- Añadir las nueces troceadas.

- Remover con cuidado hasta que quede todo bien amalgamado.

- Preparar una hoja de papel de aluminio, espolvorear con azúcar lustre y colocar el preparado de dátiles; envolver formando un rollo.

- Colocar el rollo obtenido en el congelador unas 2 horas, hasta que tome consistencia.

- Cuando esté en su punto, ya se puede servir; adornar con unos dátiles frescos y medias nueces.

Pastel de dátiles

PASTEL DE GREIXONERA

Para 4 personas
Dificultad: baja
Tiempo: 50 minutos

Ingredientes:

1/2 l de leche
6 ensaimadas
4 huevos
50 g de azúcar
30 g de manteca de cerdo
ralladura de 1 limón
canela en polvo

Preparación:

- En un cazo al fuego, hervir la leche.
- Dejar enfriar.
- Batir los huevos, con el azúcar y la ralladura de limón.
- Mezclar la crema de batir los huevos con la leche, añadir las ensaimadas a trozos medianos.
- Untar un molde con manteca de cerdo.
- Verter la preparación en el molde, poner al horno precalentado a temperatura media.
- Dejar cocer unos 30 minutos.
- Comprobar, pinchando; si sale limpio, ya está en su punto.
- Desmoldear en una bandeja de servir y espolvorear con la canela en polvo.
- Dejar enfriar al aire.

PICARDÍAS DE LORCA

Para 6 personas
Dificultad: baja
Tiempo: 20 minutos

Ingredientes:

500 g de avellanas tostadas
500 g de azúcar
1/2 dl de agua

Preparación:

- En un cazo, derretir el azúcar mezclado con el agua, hasta el punto de caramelo.
- Untar un mármol con un poco de aceite; cuando el caramelo esté en su punto, echarlo sobre el mármol.
- Rápidamente, echar las avellanas mezclándolas con el azúcar.
- Antes de que se enfríe del todo, cortar en dados.
- Dejar enfriar y ya están las picardías.

Picardías de Lorca

PLÁTANOS FLAMEADOS

Para 4 personas
Dificultad: baja
Tiempo: 25 minutos

Ingredientes:

4 plátanos
4 guindas
1 naranja
100 g de azúcar
75 g de margarina
1 copita de brandy

Preparación:

- Exprimir el zumo de la naranja; reservar.
- Pelar los plátanos y quitarle los hilitos.
- Calentar la margarina en una sartén y dorar los plátanos.
- Añadir el azúcar y dejarla a fuego suave hasta tomar color.
- Cuando esté el caramelo, rociar el brandy sobre los plátanos.
- Retirar la sartén del fuego y flamearlos.
- Agregar el zumo de naranja y dejar hervir 3 minutos a fuego muy suave.
- Colocar los plátanos en una fuente y cubrirlos con la salsa.
- Adornar con las guindas y servir calientes.

ROSCOS DE VINO

Para 6 personas
Dificultad: media
Tiempo: 1 hora y 10 minutos

Ingredientes:

1 l de buen vino blanco
1/2 l de aceite frito
200 g de azúcar
40 g de granos de anís secos
harina de trigo
almíbar a punto de hebra
azúcar granillo para rebozar
azúcar lustre para espolvorear

Preparación:

- En un recipiente un poco hondo, poner el vino, el aceite frito pero que habremos dejado enfriar antes, el azúcar y los granos de anís, machacados en el mortero.
- Ir añadiendo la harina, trabajando, hasta formar una masa un poco dura, trabajarla bien con las manos hasta dejarla suave y lisa.
- Hacer roscos de unos 15 o 20 g cada uno, formando unas bolas y con el dedo formar un hueco central.
- Untar una fuente para horno y colocar los roscos en ella; dejar reposar 20 minutos y cocerlos precalentando el horno un poco fuerte.
- Cuando estén cocidos, dejar enfriar.
- Bañar con el almíbar caliente a punto de hebra flojo.
- Pasarlos por el azúcar granillo y espolvorear con el azúcar lustre, dejar secar 4 o 5 minutos.

Roscos de vino

TORTELLS DE MALLORCA

Para 4 personas
Dificultad: alta
Tiempo: 1 hora y 10 minutos, más el tiempo de
descanso

Ingredientes:

500 g de harina
150 g de azúcar
150 g de masa de pan o de ensaimada
2 1/2 dl de agua
2 dl de aceite
3 huevos
200 g de mazapán
50 g de manteca de cerdo
sal

Preparación:

- Desleír la masa de pan en un recipiente, añadiendo poco a poco el agua templada.
- Añadir los huevos de uno en uno.
- Cuando esté todo completamente ligado, añadir la harina, el azúcar y la sal, hasta formar una masa.
- Trabajarla bien hasta que quede elástica, dejarla reposar en un bol, untada con aceite y tapada con un lienzo.
- Cuando la masa haya esponjado lo suficiente (unas 4 horas), extenderla sobre el mármol untado de aceite, trabajar un poco más fuerte, y dar golpes sobre el mármol.
- Trocear, según el tamaño que queramos.
- Estirar los trozos con el rodillo y luego agregarles la manteca de cerdo con las manos.
- Extendida la masa una al lado de otra, en un lado poner el mazapán, formando un cilindro que ocupe todo el largo de la masa

y cuyo grueso esté en proporción con el tamaño del «tortell».
- Sobre este mazapán, enrollar la masa.
- Después formar una rosca uniendo los 2 extremos y poner en una fuente para horno; practicar unos 3 cortes, separados por igual, para que se vea el mazapán.
- Dejar esponjar un poco más, tapados y que no les dé el aire.
- Precalentar el horno, a unos 160 °C y dejar cocer unos 40 minutos.

TURRÓN DE GUIRLACHE

Para 6 a 8 personas
Dificultad: media
Tiempo: 45 minutos

Ingredientes:

200 g de piñones descascarillados
200 g de almendras crudas
500 g de azúcar
el zumo de 1 limón grande

Preparación:

- Pelar las almendras, escaldarlas previamente en agua hirviendo, y cortarlas en láminas largas y delgadas.
- En una placa de horno, tostar los piñones y las almendras, muy ligeramente, procurando que apenas tomen color.
- En un cazo que no sea de aluminio, poner el azúcar, los piñones, las almendras y el zumo de limón.
- Poner el cazo al fuego y, con la espátula de madera, mezclar y trabajar un poco, removiendo continuamente para que el azúcar no se queme y no se pegue al fondo, así se irá fundiendo hasta que cogerá un bonito color dorado claro.

- Previamente prepararemos el mármol, untándolo con aceite.
- Volcar el preparado encima del mármol.
- Procurar recoger con la espátula de hierro el caramelo que tenderá a extenderse por los lados, recogerlo bien y, a medida que se vaya enfriando, se irá endureciendo hasta formar un bloque.
- Entonces, y antes de que se haya endurecido completamente, igualarlo con el rodillo untado ligeramente con aceite, dándole el espesor que queramos, cuando esté casi frío, cortarlo en barras de la medida que más nos guste.
- Dejar enfriar bien y descansar un día.
- Servir a temperatura ambiente.

Turrones de Alicante y de Jijona

Para 8 personas
Dificultad: media
Tiempo: 1 hora y 20 minutos

Ingredientes:

Para el turrón de Alicante:
350 g de miel
200 g de azúcar
2 claras de huevo
650 g de almendras secas peladas
3 cucharadas de agua
ralladura de 1 limón

Para el turrón de Jijona:
250 g de azúcar
250 g de miel blanca
250 g de almendras y 250 g de avellanas
5 claras de huevo
canela en polvo

Preparación:

Turrón de Alicante:

- En un cazo, poner la miel, el agua y dejar a fuego lento hasta que se evapore.
- Añadir el azúcar, trabajando con una espátula de madera.
- Montar las claras a punto de nieve fuerte e incorporar a la mezcla anterior, removiendo hasta que tome punto de caramelo.
- Añadir la ralladura de limón.
- Picar las almendras en trozos grandes y añadir al cazo.
- Mezclar.
- Verter la masa en moldes (pueden ser cajitas de cartón) forradas con obleas y primero con papel de barba.
- Cubrir con otra oblea y poner una tablilla o cartón con un peso encima.

Turrón de Jijona:

- Escaldar las almendras, pelar y tostar al horno.
- Tostar también las avellanas y pelar.
- Moler y machacar en el mortero los 2 frutos.
- Montar las claras a punto de nieve y mezclar con los 2 frutos.
- Poner un cazo al fuego con la miel y el azúcar, llevar a ebullición y añadir el preparado anterior.
- Remover unos 10 minutos con la espátula de madera.
- Retirar y verter la pasta en moldes forrados con obleas.
- Dejar enfriar y espolvorear con canela.

ÍNDICE ALFABÉTICO